Hajime Yoneda

photograph:
Kimihiro Fukumori

上图：使用 106 种蔬菜的"矿物质"（Mineral）（p.283）。

下图：可说是"矿物质"的进化版，2017 年的"地球"。

天才シェフの絶対温度

天才主厨
的
绝对温度

"HAJIME" 米田肇的故事

[日] 石川 拓治 —— 著
叶酱 —— 译

上海文艺出版社

献给米田宏

"如果认为这已经是完美的话,其实并非完美。
这个世界上没有完美。只有永远追求完美的姿态。"

——2006 年 11 月
在米歇尔·布拉斯日本洞爷餐厅(Michel Bras TOYA Japon)的厨房里,
米歇尔·布拉斯对米田肇说的话。

译者序

文/叶酱

收到石川拓治先生写的料理人传记《天才主厨的绝对温度》时,刚好新一期《京都·大阪米其林餐厅指南》发布,榜单整体变化不大,最引人注意的是一家大阪的法餐厅重回三星。

2018年,京都和大阪共有12家餐厅获得三星,其中11家做的都是传统日本料理,只有1家是法国菜,那便是米田肇的HAJIME(Hajime餐厅于2012年改名为HAJIME),他也是本书的主人公。就算法餐界大神级人物保罗·博古斯、乔尔·卢布松,也都是从一星开始慢慢往上爬,Hajime餐厅居然只用短短一年时间就直接拿到三星,这在米其林的历史上也极其罕见。榜单每年都有会刷新和变动,Hajime一度滑到二星,但今年又重新回到三星的舞台上。

而在2018年10月,米田肇拿到了"全球最佳主厨"

年度榜单（The Best Chef Awards 2018）的第21名，并位居亚洲主厨第一名。

我立刻决定接下翻译米田肇传记的工作，作为日本米其林餐厅爱好者，我对这位一直以来关注的主厨的人生充满好奇，下意识地很想先睹为快。

随着近几年米其林指南进驻中国，大家对这个榜单也越来越熟悉。入选餐厅从一星到三星不等，获得一星已是莫大的赞誉，三星餐厅则被认为值得为此特意安排一趟旅途，甚至漂洋过海去造访。虽说米其林指南并非餐饮界的绝对风向标，但无疑也是一种客观上的肯定。

我马上预定了位置，准备去主人公的餐厅HAJIME吃一顿饭。翻译美食类作品不像小说散文，若对你的对手一无所知，呈现在眼前的就是一个隔岸观火的世界。食物是最难纸上谈兵的，必须要亲自用五官去感受。

相比那些对海外客人订位极严格的高分名店，HAJIME餐厅的做法简单得令人难以置信。官方网站上直接有预订界面，分为"曾经预订过的客人"和"初次预订的客人"两个入口，用意显而易见，这位主厨绝不想让他的客人吃到重复的菜式。

餐厅对食客有诸多要求，男性最好穿皮鞋和短夹克，全场禁烟，不允许拍照。旅居京都的时候，我去过神户的三星创意西餐厅，京都、奈良的若干家三星怀石料理，唯独跳过了Hajime。虽然有价格高和规矩多的缘故，但主要原因还是不够自信，觉得当下的自己还吃不懂他的料理，勉强吃也是浪费情感和金钱。现在趁着翻译传记的契机去HAJIME餐厅吃饭，应该最合适不过了。

餐厅和书中的描述一模一样，从入口处低调的玻璃门、玄关，到内部用餐室的设计和气氛，一律洁净、清爽、低调，只是令人在举手投足间感到紧张。训练有素的侍酒师站在我们桌边介绍菜品，细致到每一种元素使用到的食材，以及这道菜的理念。

自然，最期待的是那道用100多种蔬菜、坚果、香料等做成的"地球"沙拉。我想，如果没有看过这本传记，对米田肇的做派不太了解的话，也许会把"地球"仅仅看作华丽缤纷的炫技之作。

而现在，我却能用另一种维度的眼光去欣赏它，从表象看到内核，解构它的存在，也弄明白了它的源头所在。料理是米田肇表达自我的一种方式，去 HAJIME 餐厅用餐前，我就没有把它当做一家餐厅，而是当做一种行为艺术。

相比那些会主动和客人合影、SNS 互动的厨师，米田肇显得不太懂人情世故，礼节性地寒暄过后，连一张菜的照片都不让客人拍。用餐完毕后他一定会出门送客，给我留下的印象是礼貌、谦恭，甚至有些拘谨。厨师是当今这个时代的摇滚明星，光躲在厨房里默默做菜已经不够了，你必须要走到大众眼前，去社交、去展示，去利用一切新媒体和手段营销自己和餐厅。

而米田肇却完全没有想要做这些。对于他身上散发出的疏离感，我也是在译完全书之后才终于理解。这位出道很晚的法餐天才，从普通公司职员到烹饪学院的学生，从日本到法国，一路克服了诸多完全不可能的困难，内心有着常人无法撼动的执念。没有一道菜让他觉得是完成了的，只有无限接近完成的尽可能完美。他的脑海中，无时无刻不想着有关做菜的事情，于是对外界的反应，总会有一点延迟。

翻译的工作虽然辛苦，但乐趣在于你仿佛是主人公身后的影子，全程都在和他同进退，不仅对这个人有了全方位的理解，还增加了一丝亲密感。当我译到 Hajime 拿到三星那一段的时候，激动得忍不住跟书中的肇还有阳子一起落泪。

有时我会想，我们为什么要看他人的传记，为什么要了解他人的人生，毕竟没有人可以复制别人的命运。能够被写成传记，在一定程度上都是成功者，失败者将迅速被遗忘，这便是世界运转的法则。但米田肇的人生会有些不同：99%的时间都是失败和无望的挣扎，而那1%的成功时刻，他仍旧在思考着如何做到更好，他的字典里没有已完成的完美和成功。

在某种意义上，正是他人的故事，让我们看到一段生命的无限可能性。

希望通过中文简体版，能让读者对这位天才主厨有更多了解。看完后再去享用 HAJIME 的法餐，相信一定能吃出属于自己的感动。

165	第五章	米田肇是日本的间谍	ハジメ・ヨネダは日本のスパイである
217	第六章	如果觉得已经很完美，其实并非完美	これで完璧だと思ったら、それはもう完璧ではない
245	第七章	店铺还没有找到，存款为零	店が見つからず、通帳残高がゼロになる
261	第八章	连鹅肝都不知道的法餐实习生	フォアグラを知らないフランス料理人見習い
301	第九章	Hajime 变成了难预约的餐厅	「Hajime」予約の取れない店になる
309	第十章	人活着并且要吃的意义	人が生きて食べることの意味

目 录

第一章 | 可以的话，想要调节门把手的温度　001
できれば、ドアの取っ手の温度も調節したい

第二章 | 他一点妄自尊大也没有　021
彼には偉ぶったところがどこにもなかった

第三章 | 少年时期的梦想是「一流料理人」　039
少年時代の夢は「いちりゅうの料理人」

第四章 | 能把全部都当作是自己的工作吗？　079
すべてを自分の仕事と思えるか

第一章

可以的话，想要调节门把手的温度

できれば、ドアの取っ手の温度も調節したい

这世界某个角落，有那样一间餐厅。

每当想起的时候，我总会有种小小的幸福感。

被问起那是怎样一间餐厅时，我首先会这样回答。

如果要说得具体一些，说来有些话长。

要谈论这家店，就要先谈论这个人。

他的名字叫米田肇。

米田肇的餐厅位于大阪CBD街区的小巷子里。

若是没什么方向感的人，或许最好还是带上地图前往。

并非真的那么难找，餐厅距离贯穿大阪的四桥筋不过几十米，从地铁站出发只需步行两分钟，餐厅就在一栋崭新的大厦一楼，入口处是一扇面朝着马路的透明玻璃门。门的右侧有块牌子写着店名"Hajime RESTAURANT GASTRONOMIQUE OSAKA JAPAN"（日本大阪Hajime美食餐厅），左侧的大花瓶插有当季的花草植物。

应该马上能看到餐厅啊，不知道为何总是没进入视线当中。坦白说，我在店门口来来回回走了两次。

一切都很收敛，像施了魔法般，只是不经意地存在于此处。

通常大家开店的时候，都会考虑用刺激性的招牌来招徕客人，就像渔船的诱鱼灯一样，这在大都市里很普遍，因此这家餐厅就显得不太起眼。

然而，一旦注意到它的存在，就不会再错过了。

先不说别的，首先，这家餐厅布满了人为的巧思。

正如初夏时节繁茂的草木，枝叶前端每个细胞都充满活力一样，与这家店相关所有的一切，每个细节都饱含周到的考量。尽管低调和不经意，同时又像山谷里盛放的白百合，明确地主张着自己是怎样一家店。

Hajime 就是这样一家餐厅。

"可以的话，想要调节门把手的温度。"和米田肇初次见面的时候，他就这样说。

"我想，门把手的温度，也会影响到客人对餐食的印象。进店时接触到门的温度是冰凉或者温热，人的情绪会有微妙的变化。客人正是带着这种变化后的情绪，享用第一盘。"

接着，他很认真地告诉我，因为现在还没找到合适的度数，所以暂时没办法对门把手进行温度调节。

如果对方不是米田肇，我根本不会当一回事。

在料理界以外，我认识不少人也曾说过这样的话，但实际上能做到的，一个人也没有。而那时候，我已经彻底被他的法餐给俘虏了。

喝了三杯餐后咖啡，物理上来说，刚刚享用的菜的味道应该已经被冲淡了，但脑细胞却好像被写上了乐谱的重复记号，刚吃过的鲜烈的滋味与芳香，以及舌尖的触感，一遍遍地反复和再现。

记忆的盘子上，盛载的是美丽的烤羊羔肉。

不过，虽然看外表是这样，吃完之后，又觉得不该叫它烤羊羔肉，明明是烧烤而成的，却完全想象不出怎么能烤到这种状态。

肉的表面的确被火烤过，且烤透了。

那略带茶色的焦脆层中，升起烟熏的香味。仅仅看表面的话，可能会以为肉块串在签子上后用明火狠狠烤制而成。

但这茶色的焦脆层只有 1.5 厘米厚,接下来就突然消失了。从这里开始到肉的中心部分,全都是生羊羔肉鲜艳的深红色。

看到这种外表的特征,即肉的表面烤炙过但内部保持鲜艳的深红色,我还在想是不是采用了低温慢煮法。然而,用锋利的主餐刀切下一块深红色的肉,送到嘴里的瞬间,就明白不是这么回事。

毫无疑问,这块肉不是生的。

看起来颜色非常鲜艳的羊羔肉,实际上是用火加热过的。

只不过处理的程度,怎么说好呢,就是令人难以置信的完美。

我至今都没有吃到过这样的羊羔肉。

简单来说,这就是我人生中吃过最美味的羊肉。并不仅仅是用火的功夫了得。

吃第一口的时候,我就想,这种事情到底会不会有正确答案。

所谓的"这种事情",指的是如何烤制羊肉的问题。

全世界都吃羊肉。

不是只有法国人会烤羊肉吃,阿拉伯人、蒙古人、中国人、北海道人,都很喜欢把羊烤着吃。不同的地方,都有各自认为最好的烤羊肉方式,自然,也有各个地方的烤羊肉达人。探讨哪种烤制方式最棒没有任何意义,本来就无法决定哪一种更好。

这种事情也无需多加考虑,特意强调是常识,倒是反常识了。

然而,头一回细细体味那份羊羔肉的一小块,心里浮现的却是和常识完全相反的想法。

"就像数学考试的试题,羊肉烤制方法的唯一正确答案也是存在的,现在我眼前的这块烤羊羔肉,不就是独一无二的答案么?"

那个时候,我是真心这么想。而某种意义上,直到现在,我也仍旧这么认为。

如果我说,这已经是烤羊肉的最高境界了,米田先生大概会立马就否定我的话吧。

羊肉的烤制方法，根本就没有唯一的答案。

其证据就是，初次体验后将近一年，我再次去品尝了米田肇的烤羊羔肉。

没想到，第二次的羊肉，居然比第一次还要好吃。

按照经验来看，一般初次品尝的体验会在记忆里留下最深刻的印象。就算是同样的经历，第二次的感动总会逊色一些。没想到，第二次的羊肉居然跨过这条铁律，味道远远凌驾于第一次之上。

吃到最初那块烤羊羔肉时，我还以为这种烤法就是烧烤独一无二的正确答案，是因为我感到，那一块肉的细胞中的美味因子被完全激发出来了。

你若要问我是怎么得出这个结论的，我只能说是来自直觉。

总而言之，那美味让人不得不下这样的结论。

细细咀嚼那块羊肉的时候，无论是嘴巴里还是鼻腔中，都有一股纯粹的鲜味和香味爆裂开来。羊肉所拥有的独特美味，像不断涌出的温泉的源泉一样充满了口腔。

我目测了一下剩余的羊肉分量，用锋利的餐刀迅速地切割，为了抓住仍在口腔中持续爆炸的羊肉的美味，我把收纳了味觉记忆的小抽屉逐个打开。然而，即使把记忆翻了个底朝天，也没有找到能够这样将羊肉美味的精髓表现出来的料理。

并不是一点点差别，而是压倒性地胜出了其他羊肉料理。当然，这只是我很主观的想法，我不可能了解世界上所有的羊肉料理，就连无数种羊肉烧烤方式的百分之一都不知道，这一点我很清楚。

即便如此，我还是坚信，"这就是世界第一，不会再有比这份烤羊羔肉更美味的东西存在"，每嚼一下羊肉，这种坚信变得更强烈了。如果真有更美味的东西存在，恐怕会让我的脑细胞都没办法运转，那么对来我说，其美味就等于不存在一样。因此，断定Hajime的烤羔羊肉是世界第一，也没有什么不妥。

为了这份烤羊羔肉，Hajime还有特别的面包来搭配（在米田肇还在和法国菜这一面目模糊的怪物进行殊死搏斗的年代，曾和他同为战友的面包职人为他烤制的），我把面包撕成小块，蘸上盘子里剩下的肉汁、作为配菜的葡萄干酱、还有小茴香风味的酸奶酪，一起送入口中，为之神魂颠倒的同时，我下了"世界第一"的结论。

尽管我装作面无表情，实际上脸颊一直保持松弛状态。

不管怎么说，第二次的羊肉的美味程度，要远远凌驾于我初次在 Hajime 体验的烤羊肉之上。

"这就是世界第一烤羊肉"，我的直觉应该不是判断失误吧？

羊肉的烧烤方法当然不可能有唯一的正确答案，这是正确的说法。

然而他的烤羊肉，偏偏会好吃到让人产生"这就是独一无二的正确答案"的错觉。

第二次的羊肉轻轻松松就超越了第一次，这仅仅是我作为食客吃下来的直观感受，而作为厨师来说，那可是一年无休、不断实践和思考后的成果。

一年有365天，一天有24个小时，无论对谁来说，一年都有8760个小时，但我认为，他却把全部8760个小时都用在了钻研料理上面。

无论是米田肇的睡觉时间，还是和家人在一起时，可以断定，他总有几个百分比的脑细胞在不断思考与做菜相关的事情。就算是捏着儿子柔软的脸蛋逗他笑的时候，肯定会在内心某个角落想着，"如果能在肉料理中再现这种柔软感，应该是很有趣的食感吧？"

就是这样一个人，比谁都坚信世界上不存在所谓最厉害的烤羊肉方法。也正是如此，他才会孜孜不倦地探求如何把羊肉烤得更美味的方法。

反过来说，因为这样，我才会认为现在他的烤羊肉已经举世无双了。

仅仅用文字描述很简单，实际上，这并非是靠半拉子努力就能达到的境界。像自由式攀岩者那样，用指尖抓住岩石中的缝隙，为一点点攀上悬崖绝壁所做的努力，米田肇每天都在持续进行着。通过像因攀岩而双手出血般日复一日的努力，成就了第二次的烤羊肉。

那个时候，也就是我第二次吃到 Hajime 的烤羊肉时，米田肇至少用了五种不同方法的组合来处理羊羔肉。炭火、可调节细微温度的炉子、红外线料理机、用惯了的平底锅、用冰块冷却的大碗。

使用那么多种方法的目的，是让同一块肉的不同部位都可以接受到最完美的加热程度。一整块肉里面，既有筋也有脂肪，就算同样是瘦肉，不同部位也有脂肪含量和肉质的微妙不同。

在充分了解每一部分细微差异的基础上，对应不同部位，他会使用自己认为最合适的加热方式。为了切断鸭肉某部分存在的一根毛细血管，他甚至会使用医学上切断人类眼球毛细血管的极细手术钳作为工具。他就是这样一个人。

而羊羔肉，采用最佳的加热方式需要 3 小时，倒推回去，在客人预约时间的两个小时前就得开始烹饪了。也就是说，预约 6 点半入店的客人的羊羔肉，4 点半就开始烤了。那时餐厅午餐时段也营业，基本上要到 3 点半左右才结束午餐的服务，考虑到还有其他准备工作，米田肇和员工们的午餐时间只剩下短短 15 分钟。

就在这样紧锣密鼓的每一天里,他依然为了烤出最上乘的肉而不断精益求精,其艰巨无需多想。尽管如此,米田肇还说:"如果有时间的话,我还想学习解剖学呢。"

"比方说,咀嚼食物的时候,会发出咔嚓咔嚓的声音,我想知道,嘴巴怎样打开的时候,发出的咀嚼声最好听。不仅仅香气和味道,进食时的声音也是料理的一部分。嗅觉、味觉、听觉、视觉、触觉,我们品尝料理的时候,会同时拥有这五种感觉。搞清楚了这些感官变化和食物满足感之间的关系,料理可能会变得截然不同。"

莱昂纳多·达·芬奇为了做马的雕刻,解剖了不知道多少头马,米田肇也是出于同样的考虑吧。总之,他所说的"希望调节门把手的温度",既不是夸耀也并非别的什么,是彻底的真心话。

现阶段虽然还无法调节门把手的温度,但是每天开始营业前,米田肇都会亲自将客人用的肉类主餐刀一把把磨过。

无论店里多么忙，也绝对不拜托其他的员工做。在营业前有限的时间里，能把刀磨到他想要的程度的人，只有他自己。

听到这些话的时候，我脑海中浮现出吃过的羊羔肉截面。如此美丽的横截面，正是因为那把肉餐刀像剃刀一样锋利。无论寿司还是割烹[1]，只要是认认真真做菜的大厨，每天都会亲自磨刀，因为菜刀的尖锐度会对刺身的美味程度起到绝对的影响。于是米田肇想到，客人自己用餐刀切肉也是一样的道理。若用刀刃很钝的餐刀，就会完全碾碎肉细胞，花三小时好不容易悉心烤制的羊羔肉，封存在细胞中的美味就这么被破坏掉了。肉块也和手打荞麦面一样，必须有棱角分明的立面才行。因此，营业前亲自把所有的餐刀都磨一遍，对米田肇来说是理所当然的事。

磨好后的餐刀，同叉子还有汤勺组合在一起，呈完美的等间距摆放在餐桌上。排列餐具的是员工，但为了保证不超过1毫米的误差，米田肇还制作了特殊量尺给大家使

---

[1] 高级日料店的一种，与包间形式的"料亭"不同，通常由吧台和餐桌构成。——译者注，下同

用。能注意到这种事情的客人，估计100个里面也没有1个人吧。

如果是有些神经质、比较敏感的客人，可能会注意到：店里所有桌子上的红酒杯，都按照底部刻有"RIEDEL"商标的那一面朝向客人的方式排列。

"房间角落极少数的那一点灰尘，都会影响屋子整体的空气感。架子顶端就算积满灰尘，或许也没有谁会注意到。但是，如果不打扫那里，的确会有明显的不同。并不是只要清扫地板就可以了。就好比'RIEDEL'的商标，即使把玻璃杯拿到眼睛前面仔细看，也不一定会发现。这种在玻璃上刻出极薄商标的高级品，会让人迷惑，商标到底在哪里呢。所以说，到底有没有让每一只玻璃杯的商标都面朝客人方向排列的必要呢？大多数客人端起红酒杯喝了一口，放下后也就改变了杯子的方向。忙到尽量缩短员工用餐时间的程度，还要一丝不苟地摆放红酒杯，的确是非常辛苦的。但是，我对员工说，'我们自己越辛苦，客人就会越高兴。'所谓事物的品质，说到底就是由最后的最后努力到什么程度所决定的。"

一件事做好了，万事皆成功，从他手中做的事情，全都是这样。

鹅肝像《2001 太空漫游》里出现的岩石那样，放在黑色石板上。经由精确到 0.1 度的温度巧妙加热后的鹅肝旁边，胡椒粒呈一条直线排列。再仔细看的话，那 6 粒胡椒的大小有微妙的差别。一粒胡椒分别被切割成 1/4、1/8、1/16 的大小，各放了 2 粒。最靠前的胡椒粒最小，也就是先从小胡椒粒开始吃的意思。

在切成小块的鹅肝上，放上 1/16 的胡椒粒，轻轻放入口中。

那份喜悦，该比喻作什么好呢？

鹅肝在口中扩散开来的甘甜背后，胡椒碎裂，既温柔又尖锐的香气缓缓上升。高品质的鹅肝在堪称完美的 46.7 摄氏度加热下，像丝绢般顺滑的玄妙甜味中，胡椒的刺激味微微渗入、混杂并融入其中，就像跳着舞远去的一对舞者，身影渐渐变小，消失在视线中。如果在餐桌边只有自己一个人，那么一定会始终闭着眼睛默默享受这道菜。

Hajime 没有菜单，如果通过电话预约（近来变得很难约到），最好在约定的时间抵达后入座。

接下来，从最开始的前菜到最后的甜品，上菜的节奏会看用餐的速度，只需坐等充满巧思让人心花怒放的菜被送上来就好。

米田肇所创造的色、形、芳香、声音、气味、齿间触感、舌尖触感与滋味，刺激着我的视觉、听觉、嗅觉、味觉和触觉，引发了怎样的感觉、激起了怎样的联想和回忆，然后开始变化，留下了怎样的余韵，怎样消失慢慢在口中？

如果可能，我想要独自一人静下心来，不和任何人说话，也不被任何人打扰，从第一道菜到最后一道菜，尽情地好好品味盘中的一切。

他的料理，在 2009 年 10 月发布的米其林指南中荣获三星。

Hajime 于 2008 年 5 月 12 日开业，米田肇成为主厨以来不过短短一年零五个月。

就算在 100 多年的米其林指南历史中，也是极其罕见的。

这个重磅新闻向全世界发出之后，最先注意到的是法国的主厨们。

"Yoneda Hajime（米田肇）到底是是何方神圣？"

当他获得三星的消息扩散开来后，据说曾有过法国实习经历的日本厨师都收到了一大堆咨询米田肇经历的邮件。

其他的领域也是如此，法餐业界更是有它独特的情报网，夺得三星的料理人，就算是日本人，也肯定是在法国有一定知名度的人物。这跟得诺贝尔物理学奖是同样的道理，学会里完全不知名的学者是不可能获奖的。至少，也会有曾在哪家餐厅工作过的信息。

然而，有关这位叫 Yoneda Hajime 的人物，居然毫无线索。法国的主厨们谁都不知道他这个人（严格来说，知道他的主厨并不是完全没有）。

尽管是最快速获得米其林三星的人，但作为料理人来说，米田肇的起点却很晚。和寻常人一样大学毕业进入公司工作，两年后辞职，又在料理学校学习一年，当他进入大阪的法餐厅工作时，已经 26 岁了。在最初工作的餐厅厨房里，米田肇就像个木头人一样什么都不会做。经历了被大声叱骂和狠狠揍的一年，留下的仅仅是洗盘子和清扫厨房的记忆。

就是这样一个人，在大家都要花上 10 年时间才可以独当一面的世界里，居然只用 10 年时间就取得了米其林三星。

有关法餐和料理评论的卓越著作《法餐与批评的历史》一书中，作者八木尚子这样写道："每年法国都有很多料理人获得法国荣誉军团勋章（Légion d'honneur），还有颁发给拥有卓越技能的职人的 MOF 证书（法国最优秀职人），然而问了许多料理人后，大家却表示，获得米其林三星才是最高荣誉，是职业生涯的梦想。"

对法国土生土长的主厨来说如同终生梦想般的米其林三星，为何一个日本人会如此轻而易举地拿到手呢？

第二章

他一点妄自尊大也没有

彼には
偉ぶったところが
どこにもなかった

我和米田肇最初的相遇是在 2010 年 5 月。

那一天，我受友人邀请去大阪的餐厅赴约。

在店门口来来回回走了两趟，比约定时间稍微晚了一些抵达，这家店便是 Hajime。

我清楚地记得，当时对这家餐厅没抱什么期待，对于米其林指南在日本的推出，包括媒体在内的大众对指南的接受，我总有种说不出的违和感。

米其林指南的东京版于 2007 年 11 月 20 日出版，前后那段时间，无论是报纸还是民间电视台的各种节目，始终在谈论有关米其林的话题。

也不是说报道本身有什么问题，而是日本报纸和电视台特有的统一战线传递某种信息的作风，冷静下来看是有些奇怪的。尤其是电视台的晨间资讯类节目和傍晚的新闻时间，不管怎么换台，都在播送哪家店夺得米其林星星之类的讯息。

说起米其林指南，法国本国的话自然不用说，但在日本民间众多的指南书当中，不就是其中一本么？它的发行居然能引起报纸和电视台如此大的宣传攻势,究竟是怎么回事呢?而且,在米其林指南的东京版当中,摘星的只有寿司和怀石料理店。

获星的餐厅里,日本料理店的数量更多。而那一年,在荣获米其林三星的8间餐厅中,法餐厅有3间(其中两间是法国人当主厨的店),其他5间都是日本料理店。

由外国人来评价日本料理很奇怪啊不可饶恕啊,我并不想说这类俗气的话。如果非说只有本国人才能理解自己国家的文化,那么现代日本人做的事情大半都不能成立。

我无法理解的是,对于餐厅是米其林二星还是三星这些评价,报纸和电视台没有做任何查证就全盘接收了。其做法,就好像在路边看到一家拉面店,招牌上写着"世界第一美味的拉面",于是就这样报道了。

来自法国的指南书,给日本的料理店颁发了星级。就日本的媒体来说,至少应该对星级的评价是否妥当有个基本判断,不仅没有如此,还像对待奥运会金牌得主那样,对获得米其林星级的餐厅赞赏有嘉。做着本国传统料理的料理店,被外国媒体用外国的方法评了分数,而日本媒体没有任何疑问，甚至一副无关痛痒的态度，对此我有少许的愤慨。

仔细想想，我虽然不仇恨米其林指南，但却有种恶其余胥的感觉，连带着对获得米其林星级的餐厅都有一些反感情绪。

我在餐厅门口走过两次都没发现它，大概就是这种反感的缘故。潜意识里，怎么说比较好呢，我是在寻找大众更容易接受的华丽型餐厅。

正因为如此，秀丽、冷艳，让人联想到山谷中静静开放的白百合一样的餐厅，给人非常新鲜的感觉。推开玻璃门，身穿套装的娇小女性带着亲切的笑容迎接我。入口处有前台和等候的小小空间，里面延伸开去的是用餐室。这是个有纵深的长方形空间，令人舒服的米色和深棕色墙壁，深灰色的地板。内部设计非常简洁，店内尽头插在大花瓶里的花生机勃勃，一下子就映入眼帘。桌子有2人座、4人座，以及圆形餐桌，共计8张，最里面还有一间单独房间，总共可容纳26人用餐。坐上软硬适中的椅子，再看到桌子上的摆设，全都充满了一丝不苟却令人心情愉悦的紧张感。这大概就是之前写到过的,用特殊量尺排列的餐具所造成的空气感,然而那个时候我并没有察觉到。

偌大的装饰盘上,放置着淡奶油色的高级纸,正面是当日的菜单,反面则记载了主厨的问候。

几组客人分别开始了当日的晚餐。貌似在庆祝女儿就职或生日的一家四口;同事关系的三人;一对显得略紧张的年轻男女;还有一对情侣大概是外国游客。从他们的样子可以知晓,这应该是一间非常好的餐厅。

那是因为,他们每个人都带着幸福的表情。真正美味的料理,确实会让人的情绪有一点高涨,对于分辨这种微妙的情绪上扬,我有着不输于任何人的自信。

栖居在内心某个角落对于"米其林三星餐厅"的反感,就像放在热乎乎南瓜浓汤上的松露冰淇淋一样,悄无声息地开始融化。

两个小时之后,我不仅忘记了职业性的观察,反而完全成了幸福笑脸同盟的一员。唯独一件事比较遗憾,那个时候我还在抽烟,吃着吃着,很快血液中的尼古丁浓度开始变低，因为 Hajime 是全面禁烟的。

于是我向餐厅借了一个烟灰缸，走到店外。

带有春末气息的微风拂面，我回忆着杏仁慕斯和蜜饯枇杷交融在一起通过喉咙的触感，同时吐出烟气，这时候，餐厅后厨跑出来一位身穿白色厨师服的年轻人，感觉是有什么事经过。

微微点头之后，他带着令人炫目的笑容跟我寒暄，然后又回到了餐厅，是副料理长呢，还是甜品师呢？

真是一家好餐厅啊，我想。料理给人以发自内心的感动，不仅如此，整个环境中流淌的气氛都令人感到惬意舒心。这让我不得不承认自己此前的愚蠢。

Hajime 是米田肇两年前自己独立开的一间餐厅。那之前他虽然在日本和法国的法餐厅工作过，但做主厨还是第一次。

顺便说下，chef（主厨）这个词在英语里是 chief，即某一个团体的首领。稍微大规模一点的法餐厅，还设有 sous-chef、chef de partie 等不同种类的职位。Sous-chef 是副厨师长，chef de partie 是分管各部门的厨师长，比如肉料理和鱼料理的主管厨师。法餐厅的厨房，会根据工作内容分为几个小组，每个小组的领导人物就是 chef de partie。

但是，chef 前面什么前缀也不加，仅仅叫 chef 的话，就意味着是整间法餐厅的头儿，即主厨。就算不是餐厅老板，指料理人的话也会用 chef 这个词。英语里，不论地位如何，都可以用 chef 来指代专业厨师，这其实是误用了本意。只不过，那种由厨师一人全权打理的小餐厅，毫无疑问老板同时也是 chef，这样称呼也没有问题。也是因为这样，对 chef 的误用就慢慢扩散开来。

米田肇没做过这种小规模餐厅的主厨。磨炼时期，虽然曾被任命为肉料理和鱼料理的部门主厨，但是当整间餐厅的厨师长，在 Hajime 是头一回，而且他同时还是餐厅的经营者。在经营餐厅这方面，他更是什么都不懂的新手。八成以上的员工也都是新人，有经验的人几乎没有。

这大概很了不起，但当时我想到的却是那些能在大阪商务街区找到 Hajime、并授予其三星的法国人。

据说，餐厅刚开张的时候，一晚上一位客人也没有的情况并不少见。

米其林派调查员过去探店，也正是那个时候。

像Hajime这样的餐厅，开业不久，既没有实际成绩也没有背景后台，而那些肚量很大的法国人，就好像孤注一掷般，轻轻松松把三星颁给了它。到底是肚量大呢？还是太过于自信呢？那个三星，对米其林指南来说，毫无疑问也是决定胜负的关键所在。用心准备良久后出版的第一版关西米其林指南中，获得三星的法餐厅仅有Hajime一家。无论多么过于自信，对于三星的评判却不可能不慎重。

他们会给予三星的理由很清楚，在米其林指南中，有这样一段说明文字："三颗星是米其林的最高等级，授予真正卓越的料理。不论餐厅形式和国籍，星级只是对于料理本身的评价。也就是说，餐厅的气氛、服务、环境，都不包含在星级的评价基准中。"

正如以上所说，他们纯粹是把三星给予米田肇的料理，如果你尝过了他的料理，自然就会明白。

这并非容易做到的事。无论京都还是大阪,都有十分棒的法餐厅。优秀的主厨有好几位,名店也不少。按照老饕评价、受欢迎程度、豪华程度等标准来挑选的话,符合三星身份的餐厅其他也有很多。然而,米其林却只选择了新晋餐厅 Hajime 作为三星,我觉得厉害之处就在这里。

关于这种评价,照道理说,并不是评上了三星,Hajime 由此成为最高等级的餐厅。无论有没有获得三星,Hajime 都是那类你一辈子都可能都不会碰见的、极其罕见的餐厅。

米其林居然能在异国的一片混沌中,发现了这间像特大白松露一样的餐厅,经过仔细地观察后授予三星,而且是在日本客人聚集到那里之前。我心想,果然不同寻常。持续了 100 年之久的米其林评分系统,的确有值得学习的地方。

实际上,虽然报纸和电台都无条件地对米其林指南照单全收,但并非所有媒体都是如此。2007 年东京米其林指南出版后引起了热议,也有周刊和杂志等媒体严厉批评了米其林的日文版。可能对日本餐厅越了解的人,对米其林指南就越是苛刻。

值得向法国人学习的正是这时候的态度，他们对批评声并不在意，毕竟是在完全不同的文化圈初次出版米其林指南，批评意见更有助于深入分析现状。在这些批评当中，有些是直指本质的。

即便如此，他们也没有动摇工作核心，而是按照基本方针继续踏踏实实进行调查。

"本书会在仔细修订后，每年发行一次。初版并非完美，但逐年修正的话，不就越来越接近完成状态了么？"

米其林指南的发起者安德烈·米其林先生在1900年的创刊号中如此说道。他们自己也不认为一开始就能做出完美的东西，每年持续修正、一点点接近完美，这是100年前初版以来的方针。现在还不是完成品，持续改进的话就无限接近完成。忠于这条原则，即使是大胆的修正也无需担心。关于米其林指南日本版，最初的调查员全都是法国人，然而两年后，据传几乎全部换成了日本人。

话虽如此，米其林并不会公开调查的详细内容，而是让人们从米其林选餐厅的方式、评定星级的方式，来判断米其林正确与否。

那是历时100年的固执。

就算是如今的日本的出版社,能做出这样一本指南么?

沉浸在料理美好的余韵中,我喝着浓缩咖啡的续杯,想着这些不得要领的事情,桌子旁边迅速出现了一个人影。

抬头看,才发现是刚才店门口身穿厨师服的年轻人,正朝我笑嘻嘻的。

原来是我搞错了。

那个人就是米田肇。

三十五岁朝上的他,被我写成年轻人会有些失礼吧。

体形瘦削、身材又很高,瞳孔深处会有转瞬即逝的顽童般的光芒,大概是这样,他才会比实际年龄看起来小吧。而且,他完全没有一点妄自尊大的样子。不管对方是谁,米田肇始终礼仪周到,保持十分诚恳的态度,他是那种无论如何也不会礼仪崩坏,始终很规矩的人。

作为米其林三星的主厨，暂且不说摆架子之类，至少也要显示下威严会比较好吧，然而这方面的风度，或者说动人心魄的力量也好，完全感觉不到。哪里都没看到所谓三星主厨的灵气，无论从哪方面来看，他都是拘谨内敛、沉默寡言的职人型主厨。

这个第一印象，一半对一半错。五分钟后，我就撤回了关于他沉默寡言的预想，而所谓拘谨内敛的说法，也有必要变更一下。

他是非常雄辩的人，从调节门把手的温度，到经营餐厅很困难的理由、以及自己如何去改变状况，总之话题不断，满满的自信简直令人钦佩。

自信十足的雄辩，不正是拘谨内敛、沉默寡言的反面吗？尽管如此，我还是注意到了第一印象中正确的地方，那就是他说话的方式。当他说得起劲，其话语中有那么一点点，恐怕只有 0.01 秒左右的微妙延迟。

比喻作什么的话，他就像初夏竹林中悦目的绿竹，但这种绿竹并非中空的，里面填着满满的话语和想法。由于塞得过满，向外释放的时候就会出现阻塞现象。再打个比方，到了午休时分，想去操场玩耍的孩子们便争先恐后地跑去鞋箱处穿鞋，跑在最前面的孩子由于慌张过了头，鞋子也没有认真穿好，跑起来几乎要摔倒，但仍旧努力向前跑。这是一样的情况。米田肇的想法变成了喷涌而出的语言，就像从他身体内部断断续续滴落般，渐渐溢出来。

好像在眼前看到了少年时代的他的样子，内向、沉默寡言的少年。所谓沉默寡言，并非没什么想法的意思，说不定正相反。

提着空水桶的小孩可以边走边唱歌，但提着装满水的水桶的小孩，为了不让一滴水洒出来，只好抿紧嘴巴哼哧哼哧地走着。他啊，就像那个死心眼的小孩一样。

他人格中最核心的部分，栖居着一直没变过的沉默之魂，从那里一动不动地静观这个世界。对他来说，料理恐怕是其沉默寡言的灵魂的自我表现。

"拿到米其林三星，就好像登上了珠穆朗玛峰。总之，如果随便地走走，是绝对不可能登上珠穆朗玛峰山顶的。我是做好了要拿三星的决心，才终于拿到手。不过也有比较微妙的地方，我并不执念于此。尽管目标是攀登上珠穆朗玛峰，但这并非最终的目标。对我来说取得米其林三星这件事，仅仅是抵达起跑线。为了把我的料理传播给全世界的人，拿三星是很有必要的。当然获得三星肯定不容易，那种艰辛几乎让脑子都要坏掉了，所以夺星后我与员工们紧握着手哭泣。但这绝不是达到目标后喜悦的眼泪，而是来自终于抵达起跑线的安心。我想做的料理，应该在比米其林三星更远更高的地方。"

他诚心诚意地将自己的想法说出来，而听了这样的话对方会如何看他，米田肇完全没有考虑过。并不是他不体谅人。他仅仅是直率地把想讲的话讲出来而已。

谈话开始还不到一小时，我对他的了解还远远不够，只有单纯的第一印象而已，但有一点很明确，他并非一个普通人。

他带有一种只用自己的头脑来思考问题的孩子的气息。

会用自己的头脑思考问题的小孩，其实也没有很多，一个班里也就一个人吧。面对问题的时候，不是把头转向周围寻找答案，而是通过自己的眼睛直面问题，直到答案出现前，一直用自己的大脑不断思考。他们就是常常被评价为不受常识拘束、拥有灵活的想法的那一类人。只不过，并非局限于自己的思考，他们也会认真听取别人的话，若认为合理就老老实实遵从。因为解决问题的能力很强，这类小孩无论进入哪个行业都会成功，也很容易受到周围人的信赖。优秀的领导人也多半是这样的类型。

而只用自己头脑思考的小孩，数量远比想象中要少得多，1000人当中有1人，或许1万人当中才有1人。数量极少，是因为恐怕很难顺利地在社会上生活。他们不受常识拘束，并不只是对常识接受程度的问题，而是完全与常识背道而驰。对别人说的一切都存有质疑，只相信自己思考后的结论，只做自己认为有意义的事情。

最近，常听到"不会读空气"之类的言论，概括起来说，就像是从前所谓的"天邪鬼"或"拧巴肚脐"[1]。在他们面前展现的，自然是谁都不曾踏入的荒野。

会告诉他往哪个方向走比较好的人，一个也没有。这

---

[1] "天邪鬼"和"拧巴肚脐"均为日本俗语，指为人乖僻、别扭。

个孩子将要进入的是严苛残酷的世界,不对,正因为是个孩子,即使这样的世界也可以勇往直前。

随着慢慢地成长,普通的小孩学到了常识以及妥协的方法,选择了一条能更愉快地生活下去的道路。也就是说,如果不与此妥协,就只能躲在自己才能理解的狭小世界中闭门不出了。然而,虽然极其稀少,还是存在着如此走过人生荒野的小孩。

米田肇,就带有那种小孩的气息。

第三章

少年时期的梦想是「一流料理人」

少年時代の夢は
『いちりゅうの料理人』

1972年10月3日，大阪世博会结束后两年，在会场直线距离大约15公里的大阪府枚方市，米田肇出生了。日本正值经济高速发展的时期，三个月之前，田中角荣就任日本首相，他的列岛改造计划振兴了社会，造成地价暴涨，旧时代延续下来的传统生活方式以及被称作日本原生风景的乡村景色都在迅速消失。

枚方市也不例外。建市的1947年仅有4万人口，到了肇出生的时候，已经增长到25万人。肇出生的家的周边也在密集开发，家旁边的砂石路上，来来回回的翻斗汽车和载重卡车扬起尘土，毫无顾虑地排放着混杂黑色粉尘的废气。附近的玻璃工厂也是24小时不间断开工，一整天都有烟气从烟囱冒出来。

米田夫妇认为在这样的环境中根本无法养育小孩，于是抱着幼年的肇搬到了同样位于枚方市内的冰室台——一片开山后建成的新住宅区。越过后山就是京都府和奈良县的交界，就枚方市来说，这里是相当偏僻的地方。虽说是住宅区，实际上在上世纪70年代，连最关键的住宅都没怎么建好。满满都是自然风光，怎么说呢，几乎就是大山里的住宅区。

道路还没有铺好柏油,一旦下雨就变得泥泞,到处都是水洼。从前的孩子,能在这么小的一个水洼里玩上一整天。雨后的泥泞道路,就像个一望无际的游乐场一样。到了初夏时分,萤火虫四处飞舞是很常见的事,小河里有青鳉鱼和蝌蚪在游。有可以尽情来回奔跑的原野,也有最适合探险和作为秘密基地的杂木林,对肇来说,简直是搬到了另一片天地。

从会摇摇晃晃走路起,一到夏天,他就每天扛着捕虫网出门捕虫子。那个时候,洋溢着青草香味的草地上全是蚱蜢,他收集到满满一盒子蚱蜢后,就欢天喜地地回家去。肇刚躲在房间里安静一会儿,紧接着他就在夏天最热的时候紧紧关了窗户,偷偷在里面做些什么。他母亲窥看后发现,原来他把蚱蜢横着排成一行,正在玩斗蚱蜢的游戏。

让独角仙产卵并帮助孵化,这也是肇擅长的事。幼虫慢慢长大之后,肇会每天去翻土,将幼虫放在小小的手掌中央凝视。

"你老是玩它会死掉吧。"

母亲看不下去了，但即使告诫他，也只是在当下收到"嗯"一声的回答，他在第二天继续不知疲倦地挖出幼虫凝视。对肇来说，没有比在手掌心蠢蠢蠕动的白色幼虫更有趣的东西了，它们真真切切地活着。透过白而薄的外皮，传来幼虫的生命力。如此柔软的生物，竟然会变成拥有又黑又硬外壳的独角仙，真是太不可思议了。

不论何时，只要捕捉到什么小生物，肇就会跟它们一起玩。刚刚还抓到家里墙壁上的壁虎在玩，马上又和乌鸦说起话来了。因为住宅区在山里，乌鸦的数量也很多。母亲看到他的时候，一只乌鸦跳着跟在走路的肇后面，而肇则想要逃离这只乌鸦，但时不时还会转过头去跟乌鸦讲话。

"我已经厌烦了啦，快到那边去！"

肇一副就快要哭了的样子，但不知出于什么有趣的原因，那只乌鸦还是紧紧跟在他后面。肇好几次回头拜托，请你快到那边去吧，但乌鸦还是没有任何要离开的意思。

这种不可思议的事情是他母亲告诉我的。

"为何会如此喜欢做这种事情呢？"

聊起从前的事情时，肇的眼神变得温柔起来。"今年夏天，我带着儿子到山里抓锹甲。尽管我是那么喜欢抓虫子，但儿子却觉得虫子很恐怖，连碰都不敢碰。"

呼吸着久违的山间空气，过去的回忆都涌上心头。"锹甲必须要很早起床去抓才行，夏天几乎每天都会去。从前一天晚上开始就心跳得很厉害，明天在那棵大树附近，到底会不会有非常大的锹甲呢？我想象着。迫不及待地无法等到第二天早上。真的是每天早上都会去。我也想让儿子感受下那种心砰砰跳的感觉。比如拿着小钳子，偷偷潜入树木之间把锹甲捉出来的趣味之类。"

只要是感兴趣的对象就一头扎进去，肇的习惯到现在也一点都没变。肇的房间里总会有些虫子，昆虫图鉴也早就翻烂了。冰室台周边栖息的虫子没有肇不知道的，上小学的时候，他甚至被大家称为"昆虫博士"。附近的小孩抓到了不认识的虫子，都会拿到肇这里来请教虫子的名字。

尽管如此，从刚学会走路起就以抓虫子为事业的"昆虫博士"，并未成为孩子们之间的英雄。母亲记忆中的肇，基本上都是一个人在玩耍。

因为出生于第二次婴儿潮时期，附近同龄的小孩有很多，也存在统率大家的孩子王。

小孩子是喜欢扎堆的生物。即使放任不管，也像互相吸引的磁铁般，不知何时起就在一起玩耍了，但肇却不会自发加入他们。就算其他小孩聚在一起玩，他也会离开一段距离自己待着。当机灵的孩子王喊道，"肇君，一起来玩吧"，这时候肇会小步走过去，若非如此，他还是一直一个人玩。尽管是小孩子，就算自己一个人，也一副若无其事的样子。

小学郊游时去水族馆，他绝对不会靠近孩子们聚集的地方，基本都在水缸尽头没人的地方独自伫立着。当其他孩子围在一起时，肇的母亲也希望他抱有想去看看前面有什么的好奇心，然而儿子却说："在这里也足够能看到了"，依旧站着不动。

幼儿园时进行的冬季剑道练习，结束后会给大家分发点心。别的孩子争先恐后地挤在发点心的地方，肇却坐在练功场的地板上一动不动。朋友朝他喊："肇君，不快点过来的话，点心就要没有啦！"他这才不情不愿地站起来，一副"我本来就不是很想要"的态度，去领取点心。

别人想去那边的话，他就去这边；别人想做的事情，他不想做。讨厌群聚，讨厌和别人做一样的事情。按照别人说的话去行动，这是他最最讨厌的。就是个这样的孩子。不喜欢和别人做一样的事情到了这种程度，无论怎么说都会有吃亏的地方吧，但肇还是按照自己的行事风格，到现在为止还一直是这样。

当他稍微长大一点之后，即使自己想做意大利面之类的轻食，也不会向母亲询问做法，他讨厌问别人事情。肇的母亲非常擅长做菜，家里应该有很多料理相关的书籍，但他甚至连这些都不愿意看。

"我试过将胡萝卜、洋葱和培根切成末后同炒，再加入肉汤和煮过的意面来吃。一点也不美味。尽管很不好吃，但如果问其他人，或按照书上写的步骤来做，倒不如吃难吃的意面更好些。这到底是为什么呢？我并不想问别人或查资料，好好做意面。我不想只根据食谱去做菜。我更喜欢自己的做派，现在也是如此。出于学习的目的，我也会看其他人写的料理书，但不会看具体分量。看看里面的照片，这个可以和带这种酸味的酱汁组合吧？放了什么进去呢？这个和这个？只是这种程度的确认，下回自己做的时候，可以边尝味道，边考虑要再酸一点，还是再放点盐之类，而不会参考书上的分量去做。

"现在因为积累了些经验，会在脑海中计算1个洋葱1千克西红柿，和2个洋葱500克西红柿组合时味道的不同之处。从前没有这项技能，但我一直在做同样的事情。因此，我那时做的料理全是失败品。不过，不好吃也没关系。我会认为，如果照着具体分量去做菜，谁都能做出来。只是照着别人说的话去做，有什么趣味呢？从小时候开始，我就一直在考虑这种事情。仔细想想很不可思议，当时自己不是料理人，什么都不是。"

讨厌问别人事情这一点尚可理解，但初次做菜时，连菜谱都不愿意看，这就是重病了。可以说他是坚定不移的天邪鬼。

而与此相反，他身上同时还有非常天真的部分。天邪鬼的话，会从不正常的角度去看待世界，但肇却是那种在道德课上读到伟人传就由衷地相信，且会钦佩伟人的孩子。这方面可以说是天真无邪到纯粹的地步了。

他所暴露出来的反叛心，只是针对剥夺自己自由的对象，就像野生动物对于项圈本能地厌恶，对于会束缚住自己的东西，肇强烈表示抗拒。

料理菜谱也是同样，被指示要这样做之类让人反感。对于要将自己塑造成某种样子的世间所有规定，肇都会反抗。在他的头脑当中，根本就不相信那种东西的存在。如果合乎情理，他也会老实地去遵从，没道理的话，他便全力反抗。他能够轻轻松松夺得米其林三星的秘密之一，恐怕正在这里，等之后再详细叙说。关于他为何立志走料理之路的话题还没结束。

肇在小学五年级时写的作文保留了下来。

我将来的梦想

米田肇

我的梦想，是将来，成为一名料理人。所谓料理人，并非随处可见的餐厅，我只想做一流的料理人。如果能成为料理人的话，还是想做法国菜。

然后，想开一家日本第一的美味餐厅。还有，也想做各种各样的外国菜，希望能让我的爸爸妈妈尝尝我做的料理。

但是，想想这种遥不可及的事情，大概第三次世界大战，都要开始了吧。

有关战争的电影《浩劫后》也是美国人拍的，虽然有氢弹落下来，但只伤了人的眼睛，汽车之类完全没有飞起来，这可不行。

希望不要发生这样的事情，想要顺利成为料理人。然后，我想要创作，更多崭新的料理，为此而努力。

不过，为了成为一流的料理人，大学不毕业肯定不行。不过，刚开始只是一个劲地，削土豆和洋葱皮。但想要超越这些，成为一流的料理人。

虽然逗号太多很难读，但这就是肇写出来的原文，一个字都没有改。甚至可以听到专心致志趴在稿纸前的肇的呼吸节奏。

不管读多少遍，每次重读时都有种不可思议的感觉。

有种说法是，人生是用来实际确认小时候就知道的事的时期，或许真是这样没错。再仔细读一下会发现，肇现在的全部都已经写在那篇文章中了。还是小学生的他，怎么能够如此准确地预知自己的未来呢？

肇一家四口，在第一纺织股份有限公司工作的父亲米田宏、母亲和子、小五岁的妹妹明希子。既不是出生在有厨师血统的家庭，也没有哪位家人同法国有特别的渊源，所以，为何他会如此明确地写道，自己将来的梦想是做一流的法餐厨师呢？不仅是写写而已，这个梦想一直在他心中持续升温。

对法国菜产生兴趣的契机，肇自己清楚记得，那要追溯到小学二年级时看的电视节目。

他们家看电视的方式，和其他的家庭不太一样。首先第一点，用餐时严禁看电视，换台的权利由父亲掌握。在那个时代的家庭，这并非什么奇怪的事，还有一点，父亲坚决不买大电视机，家里只有一台适合一人用的最小型电视。

一家四口围在这台小电视机前观看是米田家的规矩，因此，每当要看电视的时候，大家集中在电视机前面，拼命地看。父亲绝对不允许一边做别的事情，一边散漫地看电视。那个星期天早上，一家四口就像沉迷于拉洋片的小孩一样，非常投入地在看电视吧。那是介绍活跃于海外各国的日本人的节目。

"那天的特集是关于为学汽车设计远赴意大利的日本人的故事。但是不知怎么就离开了本来从事的汽车行业，来到餐厅后厨打工，洗碗的同时也帮忙做一些料理，渐渐就觉得做菜很有趣，于是对主厨说，'想要学习料理。'接下来对方说，'这样的话，那就去法国吧。'所以就去了法国学习。后来被纽约餐厅的猎头相中，甚至成了连美国总统都认可的厨师。现在他住在带游泳池的豪宅中，娶了一位美丽的美国太太，简直是经典的成功故事。在厨房里穿着洁白的厨师服，往盘子里'嘶——'地挤上酱汁的样子相当帅气。哇，就是这个啊，还记得我当时这么想。我虽然只有小学二年级，但从那时候起，内心某个角落就一直存有当料理人的想法。"

父亲米田宏去海外出差的机会很多。当时第一纺织公司在枚方市新建的工厂里积极引入了欧洲制造的最先进的自动纺织机，快速成长为国内数一数二的纺织制造商。作为第二代社长小久保惠的左右手，米田宏在欧洲和亚洲之间来回飞，发挥了很大的作用。

在那个时代，对许多日本人来说，海外旅行只是个梦，频繁去国外的父亲是肇的骄傲。他最喜欢听出差回来的父亲讲国外的事，想着不知什么时候，自己也能像父亲一样去海外就好了。只不过，完全不知道要怎样才能去国外。对还是小学生的他来说，父亲在外国做着什么样的工作，很难有具体的认知。"因为要做自动编织机的技术指导而出国。"听到这样的回答，肇脑海中浮现出的是巨大的工厂、许许多多复杂的机器、在那儿工作的人之类模糊的印象。

米田家小小的电视屏幕上，当那位主厨现身时，就像太阳光通过凸透镜集中于一点能让纸烧焦一样，肇脑海中模糊的印象突然结成了一个焦点。主厨身上穿着的白色厨师服，正是少年肇长期以来难以理解的"活跃于海外"的具体形象。

法国菜到底是什么样的东西，对当时的肇来说一点概念也没有。本来，法国菜什么的，他一次也没有吃过。在肇的记忆中，1980 年的枚方市完全不存在法餐厅。每年几次米田家的外食当中，最新潮的是去枚方工商会议所大楼里吃 Suehiro 餐厅的牛排。桌上铺着桌布，闪闪发光的银色刀叉整齐排列在上面。仅仅这一点，就让肇感到紧张。至今他还记得，身穿黑色马甲、戴蝴蝶领结的服务生，端着盛在银器里的汤，小心翼翼地倒入每位客人前的汤盘。只有去这家餐厅用餐时，肇和妹妹明希子才会被大人要求好好打扮，一直安安静静地坐着，感觉就好像成了王公贵族的小孩一样。那就是肇少年时代最棒的外出用餐体验了，他模模糊糊觉得，法国菜应该是西餐厅延长线上的那种存在，但也仅限于此，仍然云里雾里。

不管怎么说，肇会满怀自信地写下"还是想做法国菜"，从某种意义上来说，也有那个时代的必然性。

肇度过少年时期的上世纪70到80年代后半,是战败后从一片废墟开始复兴的经济高速增长期,短期内就成为世界数一数二的经济大国的日本,将繁荣定为目标,以猛烈的势头持续发展着。日本人的生活在那个时期发生了翻天覆地的变化,人们得到了难以计数的物质收获,当然了,其代价是同时也失去了许多无比宝贵的东西。

不知何时起,肇家周围的砂土路也铺上了柏油。

即使下雨也不会变得泥泞,但是穿着长靴在水洼里嬉戏、寒冷的早上去挖水洼里结的冰玩,这些事情都没法再做了。能抓蚱蜢的田野变成了安静的住宅区,锹甲虫赖以栖息的山林也变得越来越小。

总而言之,肉眼可见的变化只是冰山一角,在人们没有注意到的地方,更大的变化到处都在发生。从宏观上来看,肇会对法餐产生憧憬,也是变化的一部分。

日本从那个时代起,从农业国家转向了工业国家。

虽说这是当时政府的政策,但仅凭政策就能决定一个国家前进之路的话,未免太轻松了。如果那样,独裁国全都是超级发达国家了。战败之后,日本的总人口数是

7200万，其中农业人口1200万人，属于典型的农业国家。到了2012年，农业人口减少到仅有260万，从业者的平均年龄超过65岁。

从农业国家到工业国家的转变是全体日本人的选择。导致的结果是日本的食品自给率低下，农产品进口量直线上升。开始快速经济增长的1955年，谷物自给率的重量比是88%，然而到了肇憧憬法餐的上世纪80年代，这个比重下降到33%，农产品的进口数量增长了6倍以上。顺便说下，农产品进口数量和出口数量之间的差额叫作"纯进口数量"，这个数字现在在日本已经超过了4兆日元。和位居第二的中国拉开一大段距离，毫无疑问地居于世界第一进口大国。日本人选择从国外购入，而非自己种植农作物。

结果是，食物已经不是自然的馈赠，而是用钱买的商品。

肯定有人觉得这是理所当然的事情，但是我却认为，在那个时代的各种变化当中，没有比这更具有深刻含义了。就像沙滩被波浪侵蚀一样，随着农业人口的持续减少，日本国土的食物生产力也在衰退。然而令人感到讽刺的事情却发生了，日本人对于吃的关注反而在上升。

随着各种各样的食材从海外进口进来，街区蔬果店和超市里排列的食材种类急剧增长，日元上涨的影响也是其中一个主要因素，各类食品以很便宜的价格进口到日本，随之，上世纪70年代的外食产业也迅速发展起来。70年代初，快餐店和家庭餐厅在全国范围内开设连锁店铺，一家人外出吃饭成了很寻常的事情。到了70年代后半，紧追其上的是铺天盖地扩张的便利店，24小时随时能够买到食物的时代来临了，日本的食品正在变得越来越丰富。

关于是否在真正意义上食物变丰富了，大家持有不同的意见，从这个层面上来看，仍有对食物非常关注的人。也就是说，支撑自己生命的食物，乍一看好像五彩缤纷种类丰富的样子，实际上，追根溯源到最根本的地方却无比脆弱，担心会一触即破的人也不是没有。

尤其是进入70年代以后，电视台也开始轮番制作与吃有关的主题节目，将这些事情放在一起会发现，无论从消极还是积极的意义上来说，人们对吃的热情空前高涨，其实有一定的社会基础。

小孩得到新玩具的时候，以及不想让任何人夺走这个玩具的时候，都会对此表现出强烈的执着。把维系人生命的食物比作玩具，可能有不恰当的地方，但人的内心活动应该是一样的。这个时期的日本，物质上日渐丰富，人们一边接受来自世界各地的美味馈赠，另一方面，对本土食材的未来所怀有的模糊的不安开始扩散开去。1971年高岛忠夫夫妇主演的《多谢款待》，1974年加拿大广播公司制作的格雷厄姆·克尔的《世界料理秀》，柳生博主持的电视节目《美味的世界》于1977年播出。无论哪个节目都拥有不错的收视率，影响力特别大的，则要数1975年开始播放、由芳村真理和西川洁主持的《料理天国》。虽然是周日傍晚的时间档，但平均收视率长期维持在20%。

从持续播放到1992年秋天的《料理天国》当中，不少日本人尽管一次都没吃过，却知道了鱼子酱、鹅肝和松露等珍馐是如何美味。米田一家也是周日傍晚6点半准时在电视机前集合，一周都不会落下。

对大多数日本人来说，法国菜的初体验不是从盘子上，而是在电视机的屏幕上。

因此，法国菜一开始就不是通过嘴巴和鼻子，而是经由眼睛和耳朵进入到头脑，可以说是印象先行进口而来。香气和味道却只能够想象。

一般人寻常地吃到电视上看到的法国菜，会有些滞后，而肇体验到真正的法国菜，也是比较后来的事。

像是电视全盛时期的小插曲，说实话，以上这类接纳异国文化的案例，也是日本人很擅长的部分。从遣隋使和遣唐使的时代起，我们的祖辈们就开始积极吸收外国的文化。就像内田树在《日本边境论》一书中提到的，虽然不知道会学到什么，但还是毅然去学习，日本人就是这样一个罕见的民族。

最近在日本的大学里，每个学期初都会发放课程安排表，学生们看了之后，选择自己想上的课程。事先对将要学习的内容做详细了解，把是否要学某一门课的权利交还给学生，这是以欧美教学理念为基础的制度。

然而，按照日本传统的教学系统，可以说正相反，有着另一种思考方式。那就是所谓的师徒关系，从前的日本人觉得，徒弟拜入师傅门下，完全不会询问自己要学习的内容。若采取那样的态度，什么重要的东西都学不到。低声下气乞求师傅收自己为弟子，一旦入门后就被要求完全地服从。即使不知道要学什么，也毅然地去学习，这是我们日本人自古以来的传统。

不过话说回来，也并不是完全一无所知就跑去学习。幕府末期的年轻人，或许会犹豫到底是去千叶周作的玄武馆还是斋藤弥九郎的练兵馆，也会讨论北辰一刀流和神道无念流哪一个更强些。毫无疑问，一旦成为那位师父的弟子之后，对于自己将要学怎样的东西，当然有个大概的印象。

人类在脑海中描绘出来的形象，会有一种不可思议的倾向：越是看不清具体对象，就越是笼统地对待；越是暧昧模糊的样子，就越是会满怀憧憬地将其理想化。正因为怀抱强烈的憧憬，徒弟才会果断地对师傅表示绝对服从。

正是如此，人们会对从未见过的遥远国度产生憧憬。尤其是在远离世界中心的最东边岛屿上生活了几千年的日本人，就会对于遥远的陌生国家怀有特别强烈的憧憬，这样考虑的话，就能够充分理解日本人和法国菜之间的关系了。

上世纪70年代，对日本来说是正统法国菜开始登场的时代，后来成为日本法餐界领军人物的主厨们，大多都远渡法国学习料理。那时候刚开放海外自由行还不到十年，如果去国外旅行的话，公司同事以及所有亲戚朋友都会大张旗鼓到机场送行，在当时一点也不出奇。光是旅行就这么费劲了，更别说住在异国他乡求学，没有很大的决心和精神准备肯定不行。

然而，离开日本的时候，对于法国本地的法国菜究竟是什么样子，几乎没人知道。能好好讲几句法语的人也几乎没有。不知道到那边之后到底能学到什么，将来的出路更是无法保证。如同遣唐使船驶入波涛汹涌的大海一般，即便如此他们也还是毅然前行。说得好听些，他们心中有的只是憧憬和幻想而已。

仅仅这样，就投身到法国菜的未知世界中。

于是，作为开拓者的他们通过不懈努力，就像空海乘坐遣唐使船带回真言密教一样，把正宗的法国菜食谱和技术带回了日本，成为了那个时代的英雄。

正是这些料理人的身影，把肇带入了法餐的世界。

很久很久以前，大阪住吉一带是港口，遣唐使船就从被称为住吉津的古代港口远航异国，不知道会不会有小孩在住吉津目送遣唐使船出发。

不对，一定会有。一艘能乘载 100 人的遣唐使船在当时属于大船，原则上 4 艘船组成船队向大唐进发，而且顶多 20 年发一次船，那时的人不可能错过如此大的场面。不仅仅在住吉津，就连遣唐使船航路经过的濑户内海沿岸，人们也必定像节日庆典般欢呼雀跃地送行。

空海的乳名叫佐伯真鱼，生于赞岐的屏风浦，他 5 岁的时候，屏风浦附近海域有遣唐使船通过，而空海自己乘上遣唐使船远渡大唐国，则是 25 年以后的事情了。30 岁的空海作为留学僧人去大唐之前的人生，几乎没有人知道。关于他几岁出家等生平信息，也是众说纷坛。

我假想了一下，那 25 年时间，空海也许把去大唐作为想要实现的梦想。从知道佛教以前,他可能就只是想去大唐这个异国他乡。他是否亲眼看到遣唐使船经过则另当别论,关于船队的传说肯定在途经的港口传得沸沸扬扬。那个时代作为赞岐郡司家的孩子,空海对遣唐使船抱有憧憬,也并非无稽之谈。全日本应该有很多这样的小孩。孩子们目送大船远航,打定主意总有一天自己也要乘上去。也许不能像空海那样流芳百世,但日本立国的根基,正是那些无名的空海们。

汉字、法律、国家体制、佛教、历史、文学、土木和治水的技术,全部都是由肉身之躯渡过大海带回。大唐的皇帝送给远道而来的日本使者很多宝贝,日本人在长安城里卖掉它们之后,用卖得的钱购入大量书籍带回去,这样的故事在中国流传下来。大多遣唐使船都经历了破损、漂流、遭海盗袭击等困难,安全抵达目的地的概率很低。就算最终抵达,能不能安全回国也是个未知数。像阿倍仲麻吕那样,在异国他乡过完一生的人也并非少数。

即便如此,他们还是要远渡重洋。这份勇气的根源,不就是来自孩童时的憧憬么?

归根到底，肇也是那些小孩的其中之一。只不过，他看见的不是一路向西的遣唐使船的巨大船队，而是住在纽约、身穿白色厨师服的法餐主厨。

到了 20 世纪，通过不可思议的电波，远距离间传递信息所需的时间几乎为零。无论是文字、影像还是声音，所有信息都可以瞬间传送到大洋彼岸，再也无需以肉身之躯渡过茫茫大海来运送。

但是，并非所有的东西都能如此传递，比方说料理技术这种东西，如果不是像以从前那样由真人跨越大海带回来，根本无法传递真正的含义。

正是如此，肇才会格外对活跃在美国的料理人产生憧憬，需要千里迢迢远赴异国才能学到的东西，当今社会已经为数不多了。

顺便说一下，肇去法国的时候，奇妙地和空海和尚出发时一样，是在他 30 岁的秋天。

说实话，之前那篇肇的小学作文中，有老师批注的红字。

虽然没有把红字一起刊出来，但有一处批注意味深长。"所谓料理人，并非随处可见的餐厅，我只想做一流的料理人。"

这一行老师用红字进行了修改，改成"所谓料理人，并非随处可见的餐厅，而是想做在一流餐厅工作的料理人。"

这些红字之所以意味深长，在于从中可以读出那个时代普通成年人的意识。

把"一流的料理人"改成"在一流餐厅工作的料理人"，和前文中"随处可见的餐厅"正确对应起来了。的确这样会更容易读懂文章的意思，但老师却没意识到，这些红字把文章里最重要的词给删除了。

所谓最重要的词，自然也就是肇将来的梦想，"一流料理人"。

肇写下"一流料理人"的时候，脑海中应该是浮现出了纽约那位身穿白色厨师服的料理人的身影。那就是他的梦想。在这篇短短的作文中，肇三次使用了"一流的料理人"这个词。

用假名写下"いちりゅう"（一流）这个词，是因为他仅仅从听觉上记住了该词语。老师特意将此改成了日汉字"一流"，因为"一"和"流"应该都是肇已经学过的汉字。

　　我没有深入调查过，因此也无法断言，不过记忆中，"一流的料理人"这个略微不太惯用的说法，刚好是那个时代前后开始普遍使用的。

　　肇应该是从电视里听到这个词然后记住的吧，那个时期，许多料理人出现在电视节目中。一向耻于向他人求教的肇，可能只有那时候，他才向父亲或母亲询问了"一流"的意思。"一流"这个词就像熠熠生辉的宝石般，在肇的耳中余音缭绕。那个时代，"一流的料理人"一词给大家的印象，除了高明的烹饪手段，还象征着带泳池的房子和高级汽车，带有成功者的意思。虽然不确定肇的理解到什么程度，对他来说，一流的料理人，应该不仅仅会做菜，还是自己经营店铺的老板。这才是肇所憧憬的作为成功的料理人的姿态。

　　然而，在那位用红字批注的老师的常识里，料理人不过是被人使唤的人。因此，一流的不是人而是餐厅，成为这类"在一流餐厅工作"的料理人，其实和肇将来的梦想大相径庭。这个例子也显示，以那个时代为分界点，人们对料理人的认知正在一步步发生变化。料理人变成英雄的时代已经来临了。

心思缜密的读者应该注意到了，我到目前为止的推论里，缺少了很重要的说明部分。憧憬异国文化的日本国民性也好，成为食品进口大国、对吃的关注空前高涨也好，唯独没有说明为何对象是法国菜。肇如果憧憬的是意大利菜、中国菜也很好啊。

这是偶然的么？不，我认为不是。上世纪80年代，日本的青少年对外国的餐饮产生兴趣，为什么非法国菜不可呢？

那是因为，在日本，有辻静雄这样一个人。

辻先生并非把法国菜带入日本的第一人，从明治维新的时期起，法国菜就进入到日本了。其中有去欧洲学习法国菜归来的日本厨师，也有来日本传授法国菜的欧洲人。

这些人征服了在刚结束锁国状态的日本的西方人的舌头，兴盛了鹿鸣馆时代的晚宴，他们或是在米其林指南免费赠送时代的巴黎咖啡馆（Café de Paris），以及埃斯科菲耶（Georges Auguste Escoffier）经营时的丽兹酒店工作，或是帮助日本人去欧洲学习料理、为法国菜这种异国餐饮文化在日本落地生根做出很大贡献。

路易·贝格、渡边镰吉、铃木敏雄、秋山德藏、石渡文治郎、萨利·魏尔、小野正吉、马场久、志度藤雄、浅野和夫、木泽武男、村上信夫……可以列举的名字还有很多，总而言之，如果没有这些先驱者的话，辻静雄也不会进入到法国菜的世界中。然而，像辻静雄那样深、广、从多个角度来探索法餐，并且把这种成果广泛传播出去的日本人，应该是没有了。

现在日本的大都市里，从简单的小酒馆到高级餐厅，你能在各种等级的餐厅里享受到高品质的法国菜。小地方的话，还有像弘前和庄内那样以法餐闻名的城市。辻先生在大阪的阿倍野创立了辻烹饪学校、亲自投身于法国菜的研究，还是上世纪60年代初的事情，在那时简直无法想象。而肇写下想成为料理人的作文是80年代后半，状况已经完全不同了。

这二三十年间，日本的法国菜突飞猛进。

这不仅仅是辻静雄一人的功劳，如果把现在日本法国菜的水平之高，比作一块块积木叠起来的大山，那么辻静雄不过是其中一块积木。只不过，这一块积木带有压倒性的巨大热量，具有将周围积木一同感化的力量。这股热量感染了周边的人，将日本国内潜在的对法国菜这种异国文化的兴趣迅速点燃。辻静雄之前，日本也有法国菜，只不过属于一小部分人，而且被日本与法国之间相隔的一万公里冲淡到约等于无了。就像从前用望远镜观测遥远的星星一样，坦白说，只能模模糊糊地去感受，根本没有魅力十足的法国菜。

考虑到当时日本厨师们的名誉，首先要加以补充的是原材料真的很难入手。银座的巴黎马克西姆（Maxim's de Paris）于1966年开业，第一代总料理长浅野和夫表示，当时日本连最基本的法餐食材都很难找到，也没有新鲜的鹅肝、松露、菊苣和红葱，如果有罐装瓶装的就暂且拿来使用，连那也没有的话只能用别的食材替代了。那时候日本还没有冷链运输，无论布雷斯鸡还是布列塔尼仔羊都属于梦幻般的食材。

而更主要的是，其实当时日本人并不知道法餐具体是什么，对于未知的东西自然也无法点单。对大多数日本人来说，只要是在日本烹饪、符合日本人喜好的料理就足够了。

三代目春风亭柳好的落语"青菜"的引子中，有这样一段话。男子问自己的朋友，"想吃什么呢？"友人回答，"想吃西餐。"当问起为什么想吃的理由时，对方说，"怎样都可以，总之想用叉子前端叉一点起来吃。"于是听众一下子就笑了出来。这个情节非常精准地表达出那个时代日本人对西餐的态度，比起吃什么，用叉子和勺子吃饭显然更重要。

辻静雄拿着词典阅读法餐百科《美食拉鲁斯字典》（*Larousse Gastronomique*），积累相关知识，然而里面记载的许多东西，在日本根本不存在。对于做法国菜的厨师来说，尽是不知道的东西。

辻静雄也是那种会被遥远未知的国度深深吸引的人，在对日本的法国菜失望至极后，他下决心远渡法国，去了解真正的法国菜。1963年，他也刚好是30岁，那时候却连正宗法餐都没吃过。

正是最初的法国之行，辻静雄完全被法国菜吸引住了。

接着，里昂南部米其林三星餐厅金字塔餐厅（La Pyramide）的普安夫人作为领路人，将他带入如同错综复杂的迷宫般深奥且丰饶的法餐世界。从那时起进展越来越快，辻静雄受到法餐界三大巨匠中的亚历山大·迪迈纳（亚历克斯）、安德鲁·皮克（还有一人是费尔南·普安，即普安夫人的丈夫，当时已过世）的赏识，还和获得三星之前的保罗·博古斯成为了终生挚友。次年，辻静雄的首部著作《法餐的理论与实际》出版，之后好长一段时间都是日本的法餐教科书。那期间辻静雄频繁前往欧洲，去一家家品尝散布于法国各地、评价良好的餐厅。获得米其林星级的餐厅中，三星是必定要去的，二星餐厅也一家不剩全部去了，至于一星餐厅，由于数量太过庞大，不可能全部拜访，即便如此，到1969年时他已经去过60家一星餐厅。1个月的时间里几乎每天两顿，过着午餐和晚餐分别在不同城镇不同餐厅用餐的生活。即使是午餐通常也需要花费3小时，除了从这个城镇移动到那个城镇的时间，其他时候基本都一直坐在餐厅的桌子前吃饭。还不仅仅是法国，全欧洲的好餐厅，辻静雄都曾涉足。他的一生当中究竟吃了多少西餐，几乎是无法想象的。

另一方面，他仍旧在持续研究法国菜本身。尤其在法国菜的历史方面，辻静雄成了世界知名的收藏家，不仅收集各类书籍和文献，同时还在不断出版相关研究成果的译本和著作。非要说的话，辻静雄就是那样一个人物：将遥不可及的正宗法国菜一把抓过来排列在日本人的眼前。于是，他冲破了横亘在日本人和法餐之间的一万公里，不仅改变了日本的法餐界，同时对法国本土的法餐也产生了不少影响。

比如爱丽舍宫的晚宴上保罗·博古斯给季斯卡·德斯坦总统献上的特别菜品，装满热松露汤的容器上面覆盖一层派饼面糊后再烤制，刚烤出来的派面糊膨胀起来，像盖子一样满满覆盖在碗上。用刀戳开盖子后，松露的香气扑鼻而来，便是这道菜的意趣所在。用"椀物"这个词并非只是比喻，这个派饼盖正是保罗·博古斯从京都料亭的椀物得到灵感后创作出来的。而将保罗·博古斯带去享用怀石料理的人，正是辻静雄。

不仅博古斯，后来许多法国顶级厨师受辻静雄邀请来日，与纵观全世界也独一无二的日本料理邂逅了。另外，像怀石当中的八寸那样，几样分量很小的菜肴做成拼盘的形式，以及体现季节感的细微摆盘等，不断涌现出受到日本料理影响的法餐。那并非日本人做的法餐，而是以乔尔·卢布松为首的一众法餐巨匠从日本料理中获得灵感而创造的新的菜品。

最近法国流行的是日本调味品，酱油和味噌那是自然，还有些餐厅使用木鱼花高汤和海带高汤。不是以日本客人为目标的特殊餐厅，而是能够获得米其林星级的高级餐厅。而且，并非只有巴黎等大城市才会这样做，连地方上的餐厅也是如此。

换言之，法餐不单单是传统的料理，同时也是在持续变化的一种料理。但我想，能让日本料理如此渗透入法国，仍是辻静雄一人之功劳。日本料理影响法餐这件事本身并没有值得夸耀的地方，两种不同文化接触的话，多多少少会相互影响。

浮世绘影响了印象派的风格，日本人也从100多年前就开始做法餐了。但是，辻静雄所做不限于此。在料理的领域，日本和法国顶多也只能说是熟人，在辻静雄的努力下，两者成了会互相上门拜访的朋友。作为让两种不同文化相遇的功臣，我希望诸位记住辻静雄的存在。仅凭一人散发的热量，就给日本和法国带来了第二次邂逅。他用英文写了一本书叫《日本料理：简洁的艺术》（Japanese Cooking：A Simple Art），在英文圈15个国家卖出15万本以上，现在也被称为最平易近人的日本料理入门书。

通过辻静雄这扇大门，不仅法国，整个世界都和日本料理相遇了。

辻静雄对法餐倾注的热情，不局限于某一个阶层，而是扩大到了日本整个社会，恐怕这才是他最大的功劳。

《料理天国》从1975年开始播放,大多日本人从这个节目里知道了鹅肝、松露和鱼子酱的美味,前面也写到米田一家人每周都会准时观看。节目开始时肇才3岁,一开始肯定看不懂,即使稍微长大一点,对还是孩子的肇来说也很难看懂,也许他还憎恨过父母一到周日晚上六点半就换到这个节目。因为小孩子喜欢的动画片也大多在那个时间段播放。不过米田家的铁律是父亲拥有绝对的换台权利,肇没有办法,也只能每周一起看很难懂的美食节目。虽然米田肇说基本不记得看了什么内容,但读他写的作文,会发现他出乎意料地仔细看了节目。

"不过,刚一开始只是一个劲地,削土豆和洋葱皮。"

他心中没有忘记料理人之梦,梦想在内心深处持续保温。电视里有厨师出现的话,他肯定会一直盯着他们的样子看。尽管还是个小孩,他已经在考虑成为厨师必须要做的事了。

乍看之下无比风光的法餐主厨,其实都是从底层开始研修,现在谁都知道的行业内幕,也是从《料理天国》播放的时候流传开来的。

法餐的源头是宫廷菜，主角始终是食客，厨师只是幕后从业者。那就是法餐原本的姿态，并没有引起日本人太多注意。在辻静雄之前，日本法餐界的姿态也是如此。

《料理天国》红起来的原因，实际上还有一个，秘密就是节目把焦点集中在做菜的人而非食客的身上，做法餐的主厨成了主人公。肇也一样，多数日本人都对此有所反响。这是日本"美食热潮"兴起的理由之一，日本人喜欢干活的人。

即使是在寿司店吃寿司，如果没看到职人处理鱼类、从美丽的食材木箱中取出鱼片捏寿司的样子，那份享用美食的喜悦就会减半。我偷偷想过，之所以关西地区寿司不太流行，可能跟厨房和座位分开、看不到职人在面前捏寿司有关。法国菜，实际上不是一样么？

从前的法国菜，盛在很大的盘子端上桌，在客人面前切肉分给大家，最后一道装饰工序由 maître d'hôtel 即侍者来完成，传统的法国菜不会让客人看到厨房。

说起《料理天国》，就像辻静雄邀请保罗·博古斯来日本一样，那是个将厨房全貌展现给观众的节目。厨房本身就是秀场，那里就是最大的焦点。比起吃着豪华餐食的帝王，日本人对于制作豪华餐食的职人更能产生情感共鸣。这恐怕是沉睡在我们DNA中的什么东西吧，毕竟我们国家连天皇陛下都会下田插秧，日本是一个非常尊重手作劳动的国度。辻静雄如此热衷于法国菜，说到底还是被做法国菜的人所吸引，所以《料理天国》才会以这种风格呈现出来吧，这个节目的料理指导就是辻静雄。

没错，和法国菜这种像华丽建筑物一样的美好异国文化相遇后所产生的感动，一定成为了辻静雄大半生的原动力，而那种感动的内核则是对料理职人的爱。于是，就像太阳光照射地球表面让万物生长一般，他的感动变幻出各种形态，传递到世间。追根溯源，米田一家一动不动坐在电视机前受到的冲击和感动，跟辻静雄从法国菜中受到的是一样的。

米田肇当时还不知道有辻静雄这个人，实际上，辻静雄知道米田肇的日子也永远不会到来。不过在某种意义上，他们俩人有所牵系。

尽管当辻静雄越过已崩塌的壁垒的时候，米田肇还刚在蹒跚学步。

第四章

能把全部都当作是自己的工作吗？

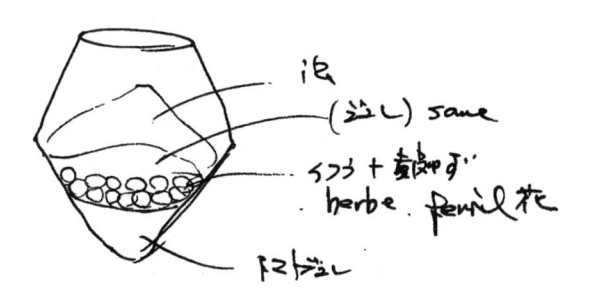

すべてを
自分の仕事と思えるか

吵架的缘由是"米田"这个姓的发音很难，肇本人告诉我。

自我介绍最开始说"我是米田肇（Yoneda Hajime）"的 yo 时打了结巴，教室各个角落发出窃笑声，肇只好低下头。

棒打落水狗，每当有这种事发生时，班里肯定会有顽劣的孩子趁机调戏。

小学低年级的学生很少知道米还有 yone 的发音，肇的名字就成了绝佳的笑柄。

"Komeda，komeda[1]！"大家一边打拍子一边叫。

"不是 komeda！"肇如果生气的话就刚好落入圈套。

"那么，到底怎么念呀？"

"……"

肇不肯退一步。唯有好强之心他不输给任何人。一旦无话可说，就突然动拳脚。和同学用随身携带的伞互相殴打，头上流着血回家的情形也不在少数。

---

[1] 米在日语中的发音通常为 kome，而在人名中常常读作 yone。

那时候肇的母亲的态度极其令人佩服。

她装作不知道。

她注意到儿子有轻微的口吃，也知道他因此容易跟别人产生肢体冲突。她不想让孩子成为会输给无聊欺凌的那种人，跟人打一架后回家，也许是儿子用他自己的方式在努力。只要没让对方受伤，母亲就不会出口干涉。

和子下定决心，要培养孩子成为不依靠别人，只靠自己力量生存下去的人。

因此，无论做什么，她都让肇一个人自己做，对肇的妹妹明希子也是同样。

选择课外补习班的时候，和子避开孩子们的朋友去的学校，而特意选择谁也不去又比较远的补习班。和子从来没有教过孩子学习，即使孩子作业有不明白的地方求助，她也只是说自己思考吧。如果因此交不上作业被老师骂，成绩下降了，她仍旧坚信这是成长道路上必须付出的代价。

听她说的时候，我想到了幕府末期武士妻子们的故事。在那个时代，和子的教育方式一点也不算极端。活在严酷时代的母亲们，首先考虑的是让孩子们拥有生存的能力。聊到肇少年时期的事时，我无心说了一句，"您很讨厌肇和其他小孩子变得一样吧。"

"是呢，所以肇也好明希子也好，绝对不会说因为别人有所以我也想要这类话。"

令我印象深刻的是，和子回答的同时，脸上出现了类似夸耀的表情。当今日本的大趋势是大家都在同一阵线，别人有的我也必须有，用和子这样的方式去培养孩子恐怕很难。肇之所以能坚持走自己的道路，也是母亲遗留下来的基因。多亏了这位母亲的存在，少年时期的肇才可以毫无顾虑地去对付在他的处境下那些不得不做的事情。

总之，他还是继续跟同学打架。

"从小学开始到初中为止的通知簿上，每次都写着'请不要打架'。特别是初中的学校很混乱，早上去的时候教室玻璃全被打碎，上课时走廊上学生们跑来跑去，甚至有在校园里骑摩托车的孩子。因为刚好是《蓝调学园》[1]

---

[1] 木内一裕的漫画作品，以不良高中学生和校园生活为主题。

最火的时期,真的就跟漫画里一样的世界。有不少穿肥腿裤学生服的桀骜不驯的孩子。但我不喜欢加入他们当中,也不喜欢那种装扮。我喜欢超人那一类的,像克拉克·肯特那样平时普通又认真,一到关键时刻就变得很强大,这才是我所憧憬的。不过我也很喜欢打架,被挑衅的架全部都去打,但基本上都会打赢。回家的路上常会有其他学校的小孩堵着,如果一副佯装不知的表情经过,就会被问'去哪儿呢',想着和外校的人打架不好吧,又想着好麻烦啊不如打一架吧,最后还是打了。也有过这样的事。"

随着慢慢长大,他的口吃渐渐消失了,但那时养成的容易紧张的习惯却改不过来了。

最不擅长语文和英语课的固定环节——大家依次念课文。从小学一年级第一学期开始,直到高中三年级第三学期,肇在这十二年间一直苦恼着。

"那么,某某同学,请朗读接下来的段落。"

快轮到自己的时候,老师的声音就咣咣地在耳朵里轰鸣。他的心脏扑通扑通跳个不停,感到越来越惶恐。有好几次在轮到自己之前，肇索性逃去了厕所。

"我真的很不擅长在别人面前讲话，经常跟人打架，恐怕也是因为没法将自己的感受用语言表达出来。但是，虽然不擅长讲话，并不代表我不喜欢讲话。可能我想要在人前说话的冲动反而格外强烈，真正的自己很想说，却因为恐惧而无法说出口。自己的情绪和行为之间有着很大的鸿沟，长大成人后还留有这方面的影响。因为讨厌在电话里说话，好长一段时间都没有手机。接受电视台采访的时候，完全没办法面对麦克风。这些时候，我就会像从前一样拼命对自己说：'你可以的，可以的。'我想起以前有人告诉过我，在大家面前讲话怯场的时候，在手掌心写上'人'字然后吞下去就行，轮到自己之前，我偷偷这样做了，结果，什么嘛，根本没有任何作用，就是骗人的。不知怎么回事呢，现在已经完全没关系了，能够轻而易举地面对电视台的采访，在人前也可以毫不怯场地讲话。连我自己也不知道是在什么时候怎样克服的。'哥哥，以前不是这么能说的呀'，连我妹妹都这样讲过。这么说可能有点厚脸皮，但小时候真的很严重。"

并非克服，肇认为只是自己注意到了墙壁的存在。并没有什么不得不克服的事情。横亘在他与这个世界之间的墙壁，不是别人，正是自己幻想出来的。

他花了很长一段时间，一点点去破坏这堵幻想之壁。不难想象，"料理"这一不依赖语言的表达方式，恰似在墙上砸出洞的强有力的榔头。从小小的龟裂到巨大的裂口，裂口最终越来越大，直到墙壁粉碎。就像每天见面的家人不会注意到孩子的成长一样，他自己也没注意到墙壁越来越低，直到完全没有形迹。所以才"不知道是怎么克服"的吧。

粉碎最后那一点墙壁的东西，恐怕就是米其林三星的评价了。他被世界认可的那一天，也正是少年时代起包围他的高墙瓦解之日。

然而，在那天来临之前，肇还是不得不面对这堵墙壁。

恰好到中学二年级，打架突然就消停了。

在教室里嬉戏的时候，肇扔了抹布，砸中了同学。对方当然就扔了回来,还砸中了肇的脸。于是肇一下子火气上来,就开始打对方,演变成一场激战。自己随便一投,对方却当真往自己脸上扔过来,大概就是这种缘故才火大吧。肇一直是不假思索地打打闹闹,但这次找错了人——对方虽然是中学生,却是身高超过一米八的篮球部猛将。冷不防头就被打了,眼睛马上肿起来。周围的人慌慌张张地跑来阻止,肇却表示还没完呢。

"让我打!"

他企图甩开朋友的手,但完全抵挡不住。对方伸手接住他的拳头,他无论怎样挥舞手臂,拳头都没法打中对方,就像吉本的漫才剧场一样,被随心所欲地打了一顿。单方面的失败。他终于领悟到,无论怎么努力总有绝对无法战胜的对手,于是就像附身的恶灵突然消失般,他对打架失去了兴趣。肇不想打架了,挑衅的人也急剧减少。

高中三年里,他只留下解数学题的记忆。不和朋友在外面玩游戏,回家后就躲进自己的房间里解数学题目。

"学校里学的数学,肯定会有具体的解题步骤吧?这是第一个有趣的地方。老师上数学课的时候,在讲解之前,我就先把问题解开了。老师讲解答方法时,'嗯嗯,做对了',我一边确认自己的解答没有错,等着解开下一个问题。玩游戏也是同样的道理。游戏越难越有意思,对吧?所以我越来越投入。虽说不喜欢被人指挥做这个做那个,但我很喜欢自己主动去做。回到家之后,5点半开始因式分解,6点半开始做什么什么之类,由自己安排好计划来解答问题。那段时间,只要看到问题,眼前就会显出大致的答案。看到xyz的方程式,脑海中就有x轴y轴z轴的形象浮现出来,那么大约就是$2\sqrt{5}+1/2$,在正式计算之前,就已经得到答案了。解数学题到这种状态的时候,碰到了一道京都大学的题目,问题只有短短两行文字,下面的答题纸却有整整一页的空白。因为是证明题,所以必须要写完整怎样一步步证明出来。京大题目的有趣之处在于,前面一直用很难的公式去解题,接下来还有用小学算数方法去解题的部分,最后会深感这种反转的奥妙之处。我还记得当时想,如果不学语文和其他科目,就没办法解开这些问题。结果我还是没能学好语文,只有数学还行,其他的科目完全不行。语文和英语尤其差,但那反而是我格外自豪的地方。我怀有这样一种傻乎乎的自信,觉得只会做数学题反倒很酷。"

肇说,死记硬背的科目他完全不在行。肯定不是记忆力很差的缘故呀,他好歹还是远近闻名的昆虫博士呢。虫子相关的事情,不管多么细枝末节都能记住。

他竟然会不擅长这些科目,实在说不通。一看到诸如"请问这位作者当时的想法"之类的语文题目,他就来气。那个人真正的想法,仅仅读了文章怎么能够知道呢?肇的理由是,文字什么的,无论多少谎言都能写。站在老师的角度看,他简直是诡辩,但肇本人却是真心这么想的。因为肇认真踏实的性格,必要的话也会学语文,但越努力学就越感到混乱。前一章引用的肇的作文,只要看看他标逗号的方式就明白了其辛苦,他在寻找标逗号的规则。并非完全没有规则可循,只不过没有让肇这样的孩子可接受的规则罢了。

我,爱着你。我对你,爱着。我爱你。

很难说哪一种是正确答案,在语文考试的问卷中,类似的问题不少。所以肇这样的孩子就很容易受挫。事实上，要获得正确答案，必须揣摩出题老师的想法而非作者的，像肇这类不懂随机应变的孩子完全不明白。

这不是受教者的问题，而是教授者一方的问题。针对拥有理科头脑的孩子，应当用理科思维的语文教学方法。并不是谁都会成为作家和评论家。与其要孩子们写出暧昧不清的作者的想法，不如让他们将电脑说明书改写成更通俗易懂的文章，如果在那个时代有这样的教学方法，或许肇的语文成绩会直线上升。

虽然感到应该探讨如何对孩子因材施教的话题，不过暂且搁下。

正是因为这样，肇才会埋头于能用理论解释通的数学当中。有一天，数学老师抱着一堆资料来找到肇，那是预备学校主办的京大入学考试模拟测试的成绩单。

"米田同学，你参加过这个模拟测试吗？"

肇点了点头，老师瞪大了眼睛说："那么果然这是米田同学啊。米田肇，你数学得了第一名。"

那个时候肇自己也很惊讶，老师极力推荐肇去九州大学的数学系,该校有那位老师非常尊敬的一位教授。

"你应该成为数学家!"

尽管被老师热情地劝导,他也觉得数学很有趣,但最终还是拒绝了,理由是九州太远了。

这种时候,肇的态度总是很冷漠无情。

面对肇,周围的人总是没法持有放任自流的态度,中学时,他还被老师建议去报考美术院校。

不仅仅数学,肇还被赋予了美术的才能。虽然没学过画画,他却画出了令老师都倍感惊讶的画。中学时期,肇经常被老师拜托制作郊游的指南、班级文集之类的封面,然而那时候他也以"对画画没什么兴趣"为由拒绝了老师的提议。

数学之后是高尔夫。他模仿父亲的样子开始练习,渐渐技术变得很高超。肇去高尔夫打击练习场时,周围的大人都会围过来,他一击打,球以就漂亮的姿态上升然后轻轻直击260码以外的网。

肇乐在其中,拼命练习,高中快结束的那短短一段时间里,他当真想过以职业高尔夫为奋斗目标,但却败在了一直以来的习惯上。因为练习过度,肇得了疲劳性骨折,短暂停止练习的时候,热情也渐渐冷却下来。现在回想起来,好像并没有那么喜欢高尔夫。

紧接着,肇在大学时期又迷上了格斗术。

受高中时的朋友的邀请,他到大阪天满的空手正道会馆总本部拜师学艺。朋友两个月后就不再上课,肇却一头扎了进去。除数学以外的学科都学不好才更帅气,说了这样任性的话以后果然遭到报应,大学落榜赋闲一年后,肇进入近畿大学理工学部的电子工学系,但仍然把学校里的功课抛在一边。

"大学的时候,上午去会儿学校,见下朋友,在学生食堂吃个饭,和朋友们商量好晚上到哪里喝酒,接着就直奔练武场。从中午12点到晚上8点一直在练习,通常练武场的前辈会请吃晚饭,然后9、10点钟的样子就和朋友汇合去游玩。当时过着那样一种生活。我学会了如何使用自己的身体,练习也变得越来越有意思,练武场很接近我小时候的理想之地。我中学生的时候老打架,主要是因为看到强者一副了不起的样子就很生气，想给那个家伙瞧瞧我的厉害，想让对方老实下来。但是练武场的话，却是越强大的人越谦虚，脱下空手道服就是普通的上班族，完全看不出是多么强的人，越是强大越是难以捉摸。曾有这么一件事，某格斗术团体的重量级冠军，即将要参加 K-1 比赛[1]，于是来到练武场。虽说是年轻的日本人，但身高差不多有一米八五，满身肌肉。中山猛夫师傅也来了，我坐在练武场旁边，看到他穿西装打领带的身影出现。那时他 40 岁左右，肚子稍微有点突出，无论怎么看也只是普通上班族而已。他连准备运动都没做，就这样解下领带，戴上手套说，'我要和那个人来两下。'他手指的那个人，正是肌肉型的重量级冠军。他的意思是做对打练习，K-1 比赛的教练慌慌张张跑到冠军面前说，'那个人可不是一般的上班族，稍有大意就会被他打倒哦。'比赛开始了，中山师傅都没认真摆架势，就像平常般站在那里，冠军选手也不知该如何是好。对方可是大叔啊，出了事也不好。他

---

[1] 世界著名的搏击格斗赛事品牌。

轻轻出了个刺拳，就被中山师傅'砰'地一下挡回去了。'这样可不行。'于是砰砰砰地出击，还是不行，全部被完美避开了。教练跑来对选手说，'这样下去可不行，你打倒他吧。如果你没有抱着正式打 K-1 比赛的态度，可没法出赛啊。'冠军选手认真起来，'知道了！'中山师傅也拿出了气势，猛吸一口气蹲下来，倏地一下避开拳头，左脚直踢对方上半身。下一个瞬间立马转身对我说，'把手套摘下来。'冠军选手已经倒在地板上。因为刚才那一踢，手腕骨折了，大家慌忙把他送入医院，而中山师傅却连气都没有喘一下。

"当这样的世界呈现在眼前时，我马上被深深吸引住了。空手道真是一门学问很深的武术，要达到那样的段位，一切都要经过严密的计算才行。从使用肌肉的方法到保持平衡的方式，一切都是被严格计算好的，不学习这些的话没办法取得胜利。空手道的这个部分很像解数学难题，从 x 轴 y 轴 z 轴三个维度来考虑，因为人类的膝关节只能弯曲到这个角度，从这里出击的话，只能这样躲开。打个比方，会用理论来思考这些。脚的位置在这里，视线这样移动，肩膀从这个角度进去的话，对方就会往这里移动，那个时候脚轻轻踢一下，让对方的注意力往下，刻不容缓地来一个回踢，类似的招数，我全都记在笔记上练习。"

就这样，空手道的练习占据了肇生活的大半部分。但我想并不是练武场所有人都像他一样在脑海中用方程式进行组合。实际上，他的练习风格有些特别。大概只有最初的三个月，肇和其他学员一起练习基本姿势，过了那个时期之后，人群中就看不到肇的人影了。在练武场旁边的空地上，肇根据自己的考量反复练习。和大家一起的话，有时就要做对自己来说没必要的练习，肇不能忍受这一点。不管是持续踢沙包，还是重量训练，基本都是他一个人独自练习。

他刚入门的时候，也是K-1比赛开始启动的时期，志愿参加者聚集起来，组成了研究K-1规则的团队。肇也收到了邀请，但没有加入。他既没有进行升级考试，也没有参加比赛，只是一个人持续练习。三年过去了，四年过去了，直到参加工作开始学习料理，他也仍旧持续在练习。

到最后，他足足花了十年时间一直在做这件事。只不过像别人一样的练习，他是绝对不会做的。

这就是肇的风格，从采集昆虫的时期起就没有变过。旁人在打沙包的话，他就用食指和中指练习二本贯手。他将木头削成的短刀交给后辈，研究徒手和短刀作战的方法。

尽管肇不参加任何比赛，但他的强大，让周围的人另眼相看。当时他被大家看作是危险人物。首先，如果和同样级别的学员进行切磋，他是绝对不会输的。有一个后来在正道会馆的全日本比赛中获胜的人，在他从茶带晋级到黑带的时候，也跟肇有过切磋。大概他觉得肇的破旧蓝带让人介怀吧，后者每天都进行练习但从不参加比赛。肇得到倒数第三等级的蓝带之后就没再往上升了。但不管怎么看，肇都没有胜算。正道会馆的黑带是真的很厉害，而且那个人还是特别强的类型，大家都认为肇会被打得体无完肤。然而，3分钟的切磋进行了两个回合，肇还是若无其事地站在那里。他避开了对方几乎全部的拳，接着反过来用脚踢对方的脸，对手不愧是90公斤级的体格，肇没办法打倒这位日后的全日本冠军，但周围人看肇的眼光明显不同了。和别人的切磋比赛中，肇清晰记得有两场是被打败了，第一次是他仰慕的一位叫植田的前辈，吃了对方的上段膝踢后，等意识到时已经躺在地板上。第二次是位后生，应该是不会输给他的，趁势往对方下盘攻了几拳后，竟然被飞起来的膝踢击中下巴。

被问起既然这么厉害为何不参加比赛时，肇总是这样回答："因为不可以刺眼睛、打下身和牙齿咬。"

正道会馆的空手道非常接近实战，比赛中赤手空拳的攻击也可以击中对方。然而真正的比赛是有规则的，刺眼睛、踢男性最重要的部位，以及用牙齿咬这些招数都是禁止的。即使如此最低程度的规则，肇也无法接受。他的理由是，现实中的交战不可能有那些规矩，既然标榜为实战性的空手道，禁止这些再进行比赛根本没有意义。在街上被歹徒袭击的时候，又没有犯规一说。

中藏隆志是小肇五岁的晚辈，后来获得修斗[1]次中量

---

[1] 日本的综合格斗技赛事。

级世界冠军的职业格斗家。中藏在追述过去时说，比起前辈，肇更像是他的师傅。位列柔道竞技大赛第三的中藏隆志刚进正道会馆学艺时，肇曾向他搭话并一起切磋技艺。从最初的练习，一直到肇还在正道会馆的时期，中藏一次也没有赢过他。说正道会馆的切磋是真正的比赛也不为过，虽说中藏还很年轻，但这位日后的格斗家当时完全败在肇手下。那个时候的肇啊，就是真正的格斗家。

从近20岁的时候起，即便不再去正道会馆，直到35岁左右，肇还在自己练习。虽然本人对此不会多说，但好像街头格斗的经验也不少。远赴法国的时候，他还指导过当地的警察练空手道。

"当时坐电车，我会选择能环顾车厢的座位，巴士我就坐最后排，带着牙签作为戳眼睛的武器，哪里有电线杆、哪里有水泥的转角，我会假设到处都有敌人。"

直到最近，肇还说想要成为"会做料理的格斗家"。Hajime开业之后，其理想总算变成了"喜欢格斗的厨师"。

别的暂且不论，肇的不可思议之处在于，就算是让他拼了命去钻研的格斗术，也从未想过将此当作自己的终身事业。小学二年级以来的梦想，仍旧留存在内心的某个角落。大学毕业之后进入企业工作，他这样对家人说："不知道会是什么时候，可能要到退休后也说不定，总有一天我要成为料理人。"

料理什么的，肇几乎没有做过。尽管憧憬成为料理人，但也没有很积极地去学做菜。中学生的肇会在肚子饿的时候做意大利面，就像前面写的那样，他不会向母亲求教制作方法，也不会去看菜谱，只是按照自己的流派做出难吃的意大利面然后吃掉。他应该没注意到自己的料理才能，事实上他说，从一开始就没觉得自己拥有做料理的才能。

"从来没想过自己会擅长做菜，不，不是谦虚啦。即使现在说起料理还会有一种自卑情绪，肚子饿的时候在自家厨房快手做的意大利面很难吃，心想，我真的是不会做菜啊。但是，之后认真研究了意大利面，那么就做一点番茄酱汁吧，洋葱切成这样的大小，使用多少克呢。调味的话，因为这种程度的鲜味是必须的，就在里面放点凤尾鱼，因为凤尾鱼的咸味是这种程度，那么欧芹就用意大利欧芹吧。然而，仅仅这样鲜味的复杂度还不够，那稍稍用一点培根吧。甚至会考虑到入口的那个瞬间，面条蘸上多少酱汁才更好呢，那么酱汁的浓度就必须要煮到那种程度。到了那个阶段，还要控制火候的大小，然后油会分离出来，所以最初少放油，最后加上新鲜的橄榄油会好一些。我会先画好完整的味觉设计图再去做，那样做出来的意大利面是绝对不会输的。所以呢，我现在很少在自己家做菜，回家后感到肚子饿了，但又没什么吃的时候，就炒点洋葱迅速做个意面，身后的妻子说'啊看起来很美味哎，能吃一点么？'我立刻回复，'不要，别吃别吃。'这样的事发生过好几次。"

美味与难吃的标准因人而异，考虑到他每天在厨房里做的超高水准料理，绝对不能轻信他说的这种话。单纯好吃的料理他也不会说好吃，用他的标准，只有让食客有发自内心的感动，才算是美味的料理。

话虽如此，充分明白了他不认为自己有料理的才能。少年时代的肇也是这么想。但是，为何肇如此执着地想要成为一名料理人呢？这个疑问还留着没解开。

当我意识到疑问解开的时候，采访也接近尾声了。当时正好聊到接待客人是怎样一回事，他好像突然想起了什么，说了下面这番话：

"对于招待客人的最初体验，来自母亲的身影。我的老家经常有客人来，母亲会事先把玄关全部清洗擦拭一遍，拖鞋摆放整齐，对我说'车马上就要到了，在玄关等候哦'。我一直在玄关等着，母亲则进厨房做菜，这个时候车到了，父亲带着客人回来。那个场景到现在还记忆犹新。"

一边压抑着兴奋的心情，一边等待客人到来，肇的样子在我眼前浮现。那个用水清洗过的干净玄关，正是他待客的原点。

孩子很喜欢家里来客人，那是和父亲有工作关系的客人，尽管跟小孩没有任何关系，但还是很兴奋，连家里流淌着的空气都好像变了。母亲穿着会客衣服、化了妆，父亲也比平常要更开朗一些，然后，餐桌上摆着比平日更奢侈的饭菜。尽管小孩要等客人离开后才允许动筷，但无论哪个小孩都仍然感到欢欣雀跃。

对肇来说，还有更特别的事情。

因为从小就吃着擅长料理的母亲做的饭菜，肇完全没有喜欢或不喜欢的食物。他母亲说，不管什么，他都像很好吃一样吃下去。根据季节变化，大家也经常去山里采野菜。蕨菜、紫萁、问荆、酸模、木通……祖父告诉肇采摘的方法，等记住之后他就自己进山采。

而且，肇从小就对食物的味道极为挑剔。

当家里米饭的产地变了时，肇会准确地指出，"今天和平时吃的大米不一样吧。"虽然对食物没有什么喜恶，但难吃的东西却一点也吃不下。他经常把学校供给的餐包带回家，"太难吃了吃不下。"冰箱冷冻室里有时候会塞满了学校发的面包。

他母亲做的料理已经超越了家庭料理的范畴。"和子做的菜就像料亭里的一样。"据说米田家的亲戚和附近的大人都曾发出这样的赞叹。肇应该会为拥有这样的母亲而感到自豪吧。

尤其是当肇很小、冰室台还是刚建成的新兴住宅区时期，邻里之间的关系很亲密。时代所致，当时房子没有盖得那么密集，大家都很喜欢互相走动，找个借口去赏花、开烤肉派对之类，由此聚集在一起，肇也总是感到很快乐。

"哎，根本上来说就是追赶潮流吧。妹妹的庆生会也好、圣诞节也好、新年也好，不论大人还是小孩，总之都要聚在一起，我很喜欢大家兴高采烈地喝酒吃东西的氛围。从帮忙准备的阶段就开始亢奋起来，前一晚兴奋得睡不着。圣诞节几乎不在家而是上餐厅吃饭，对此也非常期待。街上到处装点着红色和绿色，还有圣诞老人，变成了梦境一样的世界。走进餐厅，不管是店里的服务生还是客人，脸上全都洋溢着幸福。从小学到初中，每到年末我就会想，如果这样美好的光景能持续一整年就好了。这么说的话，那时起就在想像，如果自己开一家餐厅，就能把人们像这样聚集起来了。"

从孩童时起就藏于肇内心的隐秘孤独，大半是他自己的心理怪癖。喜欢一个人玩，不仅仅是因为口吃。或者说，孤独，正是塑造米田肇灵魂必需的温床。

但是，孤独肯定也往他心里投射了阴影，对少年时代的肇而言，这份孤独将他本身带有的开朗、快活之魂，全都埋藏到内心深处。因此，对他来说，不仅仅家人，还有亲戚、附近的大人、父亲公司的员工，大家带着幸福的表情围在桌前吃饭的光景是非常特别的事情。只有在那样的桌边，肇才会无所畏惧，那份与生俱来的开朗与快活又重新回到他身体里。圣诞节的餐厅正是那样一个美好的地方，想要成为餐厅老板兼主厨的梦想，对肇来说就是天启般的存在。

正是因为这样，小学二年级的某天起，肇好几次向父母表达了想成为料理人的愿望。那个时候，父亲米田宏打击了他。最初的交涉结果，肇写在了五年级的作文中。

"不过，为了成为一流的料理人，大学不毕业肯定不行。"

这是被他父亲说服的吧。

父亲宏是一位非常受欢迎又魅力十足的人，讲话声音很大，豪放磊落，很会照顾别人，做事认真，而且正义感很强，这样的父亲是肇憧憬的对象。

米田宏是大阪天王寺一家名为"米田纽扣商行"的批发公司老板的二儿子，毕业于关西大学法律系，就职于第一纺织公司，他是公司创业以来招收的第一名大学毕业生。学生时代起他就在自家公司帮忙，和位于大阪下町都岛的第一纺织公司有业务来往，由此结识了第二代社长小久保惠三，以此为契机进入他们公司。

据说，小久保对宏述说了自己的梦想，在大阪郊区的枚方市购入大片土地，建设新工厂，然后引入欧洲最先进的自动纺织机，批量生产纺织品。在当时来看是巨大的赌博，但米田宏却赌上了这个梦想。

早在肇出生的上世纪70年代初，第一纺织就引入了电脑系统进行生产管理，和开设在东南亚和中东的工厂一同协作，向欧美各国出口纺织品。米田宏作为小久保的左右手，在公司崭露头角，频繁地去海外出差。

自从肇出生起，宏同和子就商量过决定要让他进大学。"和财富不同，谁都没法夺走知识。失去金钱的事常有，但自己身上的本领，会终身对孩子有帮助。不管怎样，这是必须要给他的东西。"宏这样考虑。

无论是小学二年级憧憬料理人的时候，还是进入中学、参加中考和高考时，每当自己的人生将进入下一个阶段，肇总会向父亲诉说自己想走上料理道路的梦想。为了实现梦想，他努力要说服父亲，但每次却反过来被父亲说服，说是强行屈服可能更恰当一些。

宏并非不分青红皂白地反对，一直是认真倾听肇的话，然后有条理地告诉他自己反对的理由。他没有把肇当做小孩子来看待，而是像大人间平等地进行对话。毋庸置疑，每回肇都被批驳得体无完肤。

我想宏不是要反对，而是想测试肇的意志到底有多强。

宏看问题的方式和一般上班族不同，他不会否定肇想成为料理人、去开辟自己人生的想法。只不过，他知道那种生存方式的艰辛之处，如果坚持要走入那严酷的人生，作为父亲，宏只是想看清楚儿子身上是否拥有那份强大力量。不论自己多么严厉都不算过头，父亲宏始终明白这一点。

　　无论多么严厉的父亲，相比之下，现实则远为严酷。

　　肇大学毕业之后，进入总部在东京港区芝大门的NOK股份有限公司。结束进修期之后，他立马被派到位于茨城县鹿岛临海工业地带的子公司日本MEKTRON的电子事业部。该公司生产的PHS用软性电路板在当时国内有90%以上的市场占有率。拆开以前的电视机，会看到中间的晶体管或电容器表面紧紧地装着一层绿色的板。那个绿色的板就是电路板。用极薄极柔韧的胶片做成电路板，就是软性电路板，现在以手机和智能电话为首的各类电器都有应用。

　　隶属于设计部的肇的工作，就是那块软性电路板的设计。

　　"进入公司一个月后，我在想，'为什么要进这家公司啊？'所谓进企业就职，无非是求职时期想试试看自己四年大学学到的知识是否能应用到社会中。我一直想去国外，看到这家公司在海外设有工厂和研究所，于是就选了它。然而东京的研修结束后,被分配到茨城牛久的工厂,穿上工厂制服的时候,感觉跟自己想象中的工厂相差太远。对当地人可能有些抱歉,当时我不由自主地想,这个地方完全就是乡下,自己真的能一直在这里生活么?然后,就想起了自己孩童时的梦想,原本是想做一名料理人的啊。但另一方面,我也在想,也许那种感觉,只是人被放到新环境中自然会产生的拒绝反应。入职一个月,大概其他人也会觉得进的公司跟想象不同吧。这样的话,就算不是在石头上待三年[1],至少先交朋友,认识前辈,享受这里的生活,然后再考虑是不是还想要做料理。

"我第一次考大学落榜后,觉得果然自己还是应该去料理专门学校啊,又向父亲请求了一次。'因为考不上大学就要去专门学校什么的,绝对不允许!'这样被骂了回来。他还说,'抱着这样的态度,做什么都不会成功的。'还被告知,即使这样也想去专门学校的话,学费请自己准备。于是我就查了下学费的金额,一年要217万日元。我

---

[1] 日语中的惯用语,表示有志者事竟成,坐在石头上三年,石头也会变暖。

还记得当时想着'那肯定不行'就放弃了，决定等自己攒满学费3倍的600万日元，那时候再来考虑。对新人员工来说，600万日元可是很大一笔钱，等攒到那些钱，恐怕已经被公司同化，过上快乐的生活了吧。我决定，假如等攒够钱还是想当料理人的话，就辞掉工作，用那笔钱去上料理学校，于是我开始过节俭的生活。"

午餐是公司食堂300日元的咖喱饭，晚餐自己做，肇给自己规定原材料费不能超过200日元。因为住在离海很近的地方，去超市的话，能以便宜的价格买到当地渔港捕的鱼。鲲鱼1公斤500日元，小竹荚鱼一堆300日元，买一桶新鲜却廉价的鱼回家自煮，那可是一周的菜了。

每天吃炖煮沙丁鱼也不觉得厌倦，肇笑着说。

"一边回忆母亲在家里做的料理，一边自己试着做。用酱油和砂糖做成甜咸口味，或者南蛮渍[1]的风味。加盐腌制后放点醋，放入密封容器里，上面放上醋饭，这样三四天都能吃寿司了。沙丁鱼新鲜的话，直接用手剖开生

---

[1] 鱼类油炸后，再用香料和醋等腌制。

鱼，去除头、内脏和骨头，用水稍微冲一下，稍微沾点酱油吃也很美味。不过，还是别那样做比较好。有一次我碰到了很要命的事情，那时突然肚子剧痛，痛得满地打滚，应该是吃到了寄生虫。沙丁鱼非常新鲜，眼睛看起来也很透亮，想着应该没问题就吃了。这么说来，那时候为了节约家里的卫生纸，我给自己定下规矩，休息日以外都不在家用厕所。在公司上厕所，就可以不用家里的厕纸了。有一次刚好在上班路上肚子痛起来，于是拼命忍耐，'我到底是在干什么呀？'都不知道是第几次这样扪心自问。"

连自己都觉得，这样省钱是不是太过于奇怪了，不过两年下来，肇终于达成了600万日元的目标。那时候已经下定决心，知道再过三个月就能完成目标的时候，他就去找课长商量，"三个月后请允许我辞职吧。"当肇说"想要做料理"的时候，课长的眼睛都瞪圆了。

在那天之前，肇每天都正常工作，是一名非常优秀的员工。

除了交给他的任务以外，他还把平时用起来不太好的电脑程序全部重写，也认认真真为新项目做提案。肇最后的工作是设计人造卫星搭载的电路板,那个项目和洛杉矶的企业有来往,还被问到要不要去美国从事设计工作。有那么一瞬间,他觉得这样下去就能实现去国外生活的梦想了,然而自己内心怀抱的梦想却从来没改变过。

虽然比起石头上坐三年稍微短了一些,但自己好歹也是独当一面的社会人了。结交了重要的朋友和前辈,尽管公司在乡下,但已经对牛久町这个地方充满了眷恋。同上司和同事的分别也令人难过,他非常伤心。

正是如此,他才更要辞职。因为即使这样,想做料理的那份心情也完全没有动摇。

回到老家和父亲商量,曾经如此强烈反对的父亲,那时候也没有异议了。父亲只说,男人一旦决定了要往前冲,就没有退路了。

那时候父亲写给儿子的信件还保留着,像很早以前就知道儿子成为名厨这一刻会来临一样:

先有梦想再行动,思考之后祈祷

人啊，多半是因为有梦想，才决定了他一生的重要事件。

工作的动机是梦想，那很好。

但是，一味慎重考虑的话，容易让机会溜走。

要下定决心果敢行动。

接下来，思考的重要性就体现出来了。

慎重地、从更广更深的角度去考虑工作上的问题。

至于最后能否成功，除了祈祷别无他法。

在工作中，也有运气的成分。

重要的是这个顺序。

从祈祷开始就背离科学了。

从行动开始就是屈从现实。

从思考开始的话，恐怕不一定能付诸行动。

人啊，用梦想来决定他一生的重要事情才更好。

这是我很喜欢的一篇文章。

最后写着"这是我很喜欢的文章",所以我查了下出处。

"先有梦想再行动,思考之后祈祷",这句话出自1979年起连续六年担任大阪大学校长的免疫学家山村雄一,但原文已经找不到了。

就这样,从1998年4月起,米田肇进入辻厨艺学校(École Culinaire 辻)法餐专业。

当时他已经25岁了。

入学后过了没多久,肇才第一次吃到像模像样的法国菜。虽说在学校有很多机会试吃大家自己做的法餐,但与其说吃,还不如说是尝咸淡。"记忆中没有特别美味的。"肇说。

并不是说学校的料理难吃,前面也写到过,在肇那里"美味"一词的门槛极其高。现在,年末到新年期间他都会休长假,基本上都是一个人飞到法国,去那些他关注的餐厅吃饭。问他有何感想,竟然用非常严肃的表情回答,"让我觉得美味的菜一样也没有。"但这并非意味着米其林三星餐厅的料理全都不好吃。

在他使用的"美味"一词前面,其实还隐藏着"令人感动"这个词。如果那道菜能让人内心产生感动般好吃,才可以被认为是"美味的"。

除了上课时尝味道,肇还去二十五餐厅(Le Vingt-Cinq)[1]吃了午餐,这是他有生以来的第一顿法餐。考虑到作为学习法餐的厨师,连一次正宗的法餐都没吃过肯定不行,于是在学校同学的邀请下,肇就一起去了。二十五餐厅是位于大阪的一家法餐厅,现在仍存在,从那时候起评价就很好。

那一天的事肇记得很清楚,他第一次感受到法餐的美味。特别印象深刻的是金目鲷,并非他自己点的菜,而是从同去的朋友那里分吃了一点。皮烤得香脆,肉却柔软湿润,这种对比非常精彩。肇只吃过家常菜的烤鱼,这样子烤出来的鱼还是第一次吃。

"发现法餐很好吃之后,我超级开心。"肇说。

---

[1] 1975年开业的法餐厅,位于大阪心斋桥,作为传播法国餐饮文化的先驱者,它曾代表了一个时代,后于2014年关门。本书首版于2012年,所以文中该餐厅仍存在。

反过来说，也就是在那一刻之前，他根本都不知道法餐是好吃的。在不知道这一点的情况下，辞掉了好不容易找到的工作，一头跳进了法餐的世界。父亲早已看透一切，肇是让梦想来决定自己人生大方向的那一种人。

就在肇入学五年之前，一手创立料理学校的辻静雄结束了他 60 年的人生，与世长辞了，两人因此也没有相遇的可能性。

当然，假设在那里遇到，也不一定会发生什么。不管怎么说，肇只是一名起步有些晚的有志于烹饪的年轻人罢了。

不过，如果辻静雄还在世，在他花了将近 40 年时间养成的学校走廊上走过，无意中向法餐的教室窥看的话……我不禁天马行空地想象起来。

说他是老人还为时过早，就算辻先生当时在世，也不过 65 岁。像他那样好奇心强烈的人，说不定会注意到肇和其他学生有些不同之处。肇一直抢坐在教室第一排的位置，带着一副要把所有教学内容都生吞下去的表情听课。

他选的课程是一年制的,所以打算一年里把有关法餐的全部都学到。

"我非常努力学习,真的是学了很多。"肇说。

他都那么说了,真是不开玩笑,学了很多很多。那份保留至今的厚15厘米的文档就是证据。刚看到文档的时候,我还以为是学校发的教科书或者说上课用的材料,内容是有关法餐的各种烹饪技巧,说明文字是印刷出来的,插图也不是手绘的(比方说将切好的鱼肉用平底锅煎),而是简单地用电脑图形描绘出来。文字和插图的排版清晰明了,适于阅读。这么大量详细的笔记,想都不用想,肯定是由相关的专业人员制作而成。

其实不然。

那是肇将一年里学到的东西做成了笔记。准确来讲,肇是在白天上课的笔记基础上,回家后重新整理、用电脑完成的东西。根据母亲和子所说,那一年他每天晚上回到家,就一直坐在桌前进行作业,一天都没有缺过。

"之前是做设计的嘛,写这种东西很在行,跟制作项目工程表是一样的。每天晚上花一两个小时就完成了。"

肇云淡风轻地描述。然而仔细看每一张纸，我就被他这一年里花的精力给震惊了。

之前在某个地方，我看到过旧日本海军一名飞行员军官在太平洋战争中的作战笔记，令人毛骨悚然。那本笔记用让人难以置信的工整字体写就，怎么说呢，就好像是有一台电脑将收到的信息打印出来一样。

真的是这样的吗？实际上持有那本笔记，就能知道如何驾驶一架飞机，让飞机丢下的炸弹命中敌舰，以及根据剩余燃料和飞行高度计算出剩下的飞行距离之类……一页一页看过去，这些信息都写在笔记上。随着页数变化，写在上面的数字的体量也越来越大，一个数字有1平方厘米那么大。毫无疑问，那位军官拥有无比优秀的才能（全都是手写，就我所见连一个字的修改都没有），如此工整细致的笔记竟然出自凡人之手，这一点才让人不寒而栗。就是战争非常时期才能写出来吧，只能勉强得出此结论。

看到肇整理的文档后，这位海军军官的笔记立马浮现在我眼前。

从细致程度和完成度来看，两者非常相似。从绝对的信息量来看，有关烹饪技术的文档跟网罗军事机密的笔记没有可比性，但我认为，如果有必要，肇也能写出这样的军事笔记。

我会幻想如果让辻静雄遇到肇，可能也因为之前肇聊到了他的学习。对辻静雄来说，把真正的法餐带到日本就是他的毕生事业，但另一方面他又觉得，日本厨师做的法餐不可能凌驾于法国人之上。抱有这样想法的辻静雄，若让他听到肇的话，该作如何感想呢？

肇一心一意学习法餐的烹饪方式，并非为了将来使用这些技巧。

比方说，学了做煎蛋卷的正确方法，一般人回到家后就会按照正确的方法来做，做出来好吃的话就满足了。

肇恐怕回家后也会用正确的方法做一遍，但是，从这里开始就不同了。他会面对盘子里刚出锅的香嫩的煎蛋卷，双臂交抱，歪头疑惑。

那么，若要超越这份美味的煎蛋卷，还可以做些什么呢？

就像格斗术一样。

不对,肇或许就是真心把做菜当成了格斗术。对方是人也好,是煎蛋卷也好,对于伫立在自己面前的对手,他想姑且先打倒吧。学到了制作煎鸡蛋的法则后,还必须要考虑如何超越这条法则,那才是肇的作风。

等自己做出真正美味的煎蛋卷后,有关煎蛋卷的工作就结束了。接下来去学习做什么料理呢?肇不是这样的。说到底煎蛋卷只是个比喻,我也不清楚肇是否学过正确的煎蛋卷方法。只不过,那一年他接触的几十种甚至几百种法餐菜谱,全都是以这种态度去学习的。

"一直学习法餐的话,就会慢慢了解到它的架构,或者说支撑全体的通用法则。肉要怎么烤?那块肉烤出的鲜味要用怎样的酱汁去配?也就是说,那个酱汁里如果放红酒和香料的话会怎样?我认为,学习法餐,就是先记住规则然后运用到实际当中,一般来说是这样。一般都是为了遵守规则才要学习规则,但我不打算这么做。为了超越规则,我才如此拼命地学习,有点扭曲吧。"

真的是非常像肇的风格。

别人也能做到的事情，自己就没有做的必要了。被别人指点要这样做的话，就绝对不会做。这是他从小就顽固坚守的生存方式。

在他往后的人生中，这种生存方式给予他极大的影响。无论是练习格斗术也好、设计软性电路板也好，如果不把对方打倒的话就毫无意义。不管学什么，只是那样子重复可不行，格斗的时候必须给对手出其不意的攻击才能将其击败，软性电路板的设计必须超越现有的产品才行。格斗的技巧也好，设计图也好，独自埋头钻研才是大前提。

但毕竟肇是成年人了，他也终于明白，如果要从法餐的框框中走出去，只靠一两年的时间肯定不够。

现在是学习的时候。他暗自决定，只有彻底把法餐的知识全部学到手，才能超越它本身的框框。证据就是，如此不擅死记硬背科目的他，居然每次都坐在教室第一排，一边疯狂做笔记，一边比谁都专心地听老师讲课。

一旦授课结束，他立刻会跑到讲师旁边，抛出自己的疑问，比如："老师刚才说这种蔬菜要切成 1 厘米的块状，那为什么切成 1.1 厘米不行呢？"

并非开玩笑，肇就是无论什么方面都很较真。他很纯粹。可以说性格纯粹耿直过了头，让人难以应对。

然而，仅仅一小部分人才能理解肇的纯粹，并且热爱他的纯粹。摆在他眼前的则是充满苦难的道路。

对普通人来说，人生或许只是平凡无奇的水泥路，但以他这样的生活态度处世，就变成需要鲜血淋漓才能走完的荆棘道了。

"请给我介绍最严格的餐厅吧。"肇向学校就职科提出了这样的要求。

一年的课程很快结束，肇自认已经完全掌握了必要的料理技巧，学校的一年时间足够打好理论基础。

接下来就是去真正的厨房里积累实战经验，而且他不打算用太长时间。在料理人的世界里，大家出道都很早，一般十几岁开始修业，而肇却已经 26 岁了，一下子比同学们要落后差不多 10 年。他给自己定下了目标，30 岁以前一定要远赴法国修习，只剩下不到 4 年了，为了赶上进度，必须选择最严格的餐厅锻炼自己才行。

于是，学校介绍了大阪的一间法餐厅给肇。

"非常有名但极其严格的店，没问题吧？"就职科的职员特意向他确认。

这家法餐厅不仅特别严苛，而且正处于事业的巅峰。老板兼主厨曾在法国的米其林三星餐厅有过十多年的工作经历，奉行新潮法国菜（nouvelle cuisine）的烹饪理念，他的料理在业内口碑极高，当时就有传言说，如果米其林指南进入日本，这家餐厅是最有可能获得三星的。无论午餐晚餐，几个月之后的预订都正爆满。

主厨开着高级的进口跑车、眉清目秀，和白色的厨师服非常相称。暂且不说这里是大阪，并非纽约，这位主厨却和肇幼时在电视里看到且憧憬着的料理人很像。

最初面试时，主厨对肇说："我这里和其他厨房的规矩不同。首先，厨房必须打扫到完美的程度，所谓完美，就是字面意思说的那样。新人的工作从打扫开始，请抱着不放过一粒灰尘的态度进行打扫。然后，厨房内请保持安静，严禁私聊。"不仅是说说而已，眼前的这间厨房，就好像全新一样闪闪发光，无论哪个角落都干干净净。

主厨的严厉也正如传说的那样。去餐厅工作的第一天，刚打开厨房门的瞬间，肇就目睹了主厨用派盘狠狠打员工的脸的场景。他心想，真是来到了不得了的地方。然而，这正是肇心里所描绘的厨房模样。

在餐厅的厨房，被主厨拳打脚踢是家常便饭，肇早在学生时代就听了不下数十遍这种说法。最可怕的要数某位名厨把助手塞进180度的烤箱、还用菜刀扎人家手腕的事迹，与其说是严苛的训练，倒不如说近乎成了伤人事件。流言传播的过程中，免不了一番添油加醋，最后变得越来越夸张。肇原先没当回事，觉得要说拳打脚踢，跟正道会馆的练习比起来，根本就不算什么。而他一进去，就看到了被主厨打脸的场景。

感到恐怖很正常，但肇觉得，这才是厨房应该有的样子。尽管如此严苛，后厨里像肇一样的研修生也不少，不就说明有很多东西可以学吗？一共6名员工，每一位都比他年纪小很多。

肇年龄最大，做的却是最底层的工作。

开始工作后，肇立刻发现，大多数员工短时间内就会辞职，现在厨房里，工作两年以上的人一个也没有。肇进入厨房不到两个月，6名员工中就有3人像连夜逃跑般挨个辞职了。三个月后，一共只剩下3名员工。除肇之外的两人都是仅仅19岁的年轻人。

主厨把这3名见习生当正式员工一样使用，要在拥有30个位置、连日午餐晚餐均客满的餐厅呈上料理。不是普通的法餐厅。而是势如破竹的高级餐厅。

晚餐的话，从餐前小食到甜点，一位客人要超过10道菜。午餐差不多减半，但每天也要准备450道菜。身为完美主义者的主厨对每道菜都注入全身气力，简直不是人能够干的事情。

恐怕他每天连两三个小时都睡不到，所以一直都是一副不耐烦的表情。只是表情的话没有任何问题，但主厨的不耐烦表现在会直接殴打员工。

他喜欢用的工具是木制的胡椒研磨器,但也不是当真打。如果认真用力打,又大又重的胡椒研磨器可是会打死人的。肇好几次被那个胡椒研磨器打过头,细微的失误和精神松懈都不被允许。

主厨甚至要求大家数清楚玉米粒的颗数,把数字写下来,然后再装进密封容器中保存。第二天如果少了一颗玉米粒,就要引发很大的混乱。"肯定是掉在哪里了。"如果这样回答的话,就会被命令在厨房把玉米粒找出来,即使找到天亮。

如果这样都找不到的话,派盘就成了凶器。用派盘打脸后盘子缺了角,主厨又会说,"怎么会让盘子缺角的!"接下来打头,被瓦锅打头后若是流血,则说"别弄脏地板,"说着继续打。

肇感受到肉体上的恐怖,这是练习空手道时也从未感受过的恐怖。和那位主厨相比,不管多么厉害的格斗家都像是和平主义者。面对毫无抵抗能力的人,没有哪位格斗家会进行攻击。

一开始还会不自觉地进行躲避,那是练习空手道的习惯，出于本能会避开对方的袭击。但是，如果这样做的话主厨就会加倍愤怒，会更严厉地打骂。

肇在厨房最初学到的，就是不去躲避冷不防打过来的胡椒研磨器。

"即使这样，一开始还是很愉快。说愉快可能过头了，但很充实。终于成为小时候梦想的料理人了，还可以进入想象中那般一流的餐厅锻炼。我本来就很喜欢锻炼，所以觉得自己在最有名的餐厅工作，严格也是理所当然的。厨房干净得亮闪闪，虽然让它变成亮闪闪的是我啦。结束营业后每天都要打扫到半夜，打扫完了回到房间，已经是后半夜了。而且，清扫结束后主厨会来检查，如果被他看到哪里还有一个指纹印，就会说'全部重做'。只好把抽屉和其他地方的东西全都拿出来，从头开始重新做一遍。这样的话，等到结束天都快亮了。说着'哎今天又到早上了'，边做边想哭。不管前一天回去多晚，第二天早上必须6点半起来去上班，一直都睡眠不足，而且打扫时会使用强力清洁剂，两只手都肿起来，还开裂。痛得没办法提重东西，休息日回老家时陪母亲一起去买东西，回来时只能让母亲提，因为我的手没办法握起来。母亲沉默着掉眼泪，摸我的手。后来听说了情况的父亲说，'那家伙自己选的，什么都不要多说。'那时候我什么也不知道，心想真是了不得的锻炼啊，那份严厉反过来倒成了动力。

"然而问题在于，我完全不能胜任这些工作。从学校毕业的时候相当自负，觉得有关法国菜的知识自己全都懂。就算进入某间厨房，自己也肯定能够应用自如。我怀着比任何人都懂更多法国菜的自信。但是，这就好比是棒球的规则说明书。"

这样说着，肇狠狠敲了一下眼前放着的那叠厚厚的资料。就是上学那一年，他每天晚上趴在电脑前，将白天上课内容整理出来的文档。

"我不过是花了一年时间制作详细的规则说明书。只是坐在椅子上学习规则，却以为自己在打棒球。记住全部规则然而连挥棒都没练过的棒球选手，就算站在击打者的位置，也只能空挥。道理是一样的。所以说，我以为自己什么都行。很可笑。

"就像学会棒球规则和会打棒球完全是两回事一样，

头脑里记住料理知识和会做菜也是完全不同的。在最初去的那家餐厅后厨，我终于领悟到了这件事。一下子被激起了满满斗志。现在自己做不好是理所当然的，为了之后某天能做好而努力度过每一天。到现在为止，不管做什么，学习的功课也好、高尔夫也好、格斗术也好、公司的工作也好，只要正常去做就能做好。然而，料理可不是普通努力下就能做好的。有个词叫'拼上性命'，在那位主厨的厨房里，不拼到那个程度的话完全跟不上。我是在那间厨房才学到了，什么叫真的埋头苦干。而我也确实全力以赴。主厨让我做的，我全部都做了，做了我能做的一切。不过呢，是彻底的挥棒落空。即使一年过去，我还是什么都做不好。"

肇最初的工作是洗盘子和做甜品。

应该不是那么困难的工作，但还是一样都做不好。不对，说一样都做不好可能有点夸张。对任何事情都异常苛刻的主厨，只夸奖过肇一次。作为甜品负责人的肇，需要制作一种作为冰淇淋基底的英式奶油酱。主厨尝了一口那个甜酱汁后，这样说：

"喂，这家伙的英式酱比你做的好吃。"

主厨没有直接对肇说，而是对比肇还年轻的19岁员工说。肇是虽然是所有员工中年纪最大的，却是最晚进来的新人，因此总被大家看作很愚钝。"那个肇做出来的英式酱比你做的好吃。"主厨的话简直是爆炸性的。

也就是说，虽然没有任何直接表扬肇的话，但主厨还是拐弯抹角地认可了他。只不过，仅仅那么一次。不论之前还是之后，肇从主厨那里获得的认可只有那一次。总而言之还是做不好。一无所成，自己都快哭了。不管做什么总是迟一步，而且一天到晚犯错误。

冷静下来想想，肇是一头撞上了"现实的墙壁"。

就好像一直在酒店室内泳池学习游泳的人，突然被丢到冬日寒风凛凛的日本海。自己习惯了的泳池和波涛汹涌的大海，两者之间没有任何共同点。想用手拨一下水试试，却发现哪里都没有平静的水面。虽然明白自己不游就不会得救，但要如何在这种地方游泳，毫无头绪。被波涛席卷、喝下大量的咸水，这才注意到，以为自己已经会游泳了，其实错得离谱，但已无计可施。只能乱挥舞手脚，光是让头浮出水面就已经用光力气，别的就更不用说了。

真要说起来，不管是游泳池还是汹涌的大海，游泳的本质没有变。只要积累了经验，在游泳池里学到的东西，进入大海一样可以适用。学校里学到的各种知识，从这个意义来说应该不会毫无用处。不过现阶段即使说这些也无法起到安慰作用。

在现实的世界里，所有事情都不会按照教科书上写的发生。

人生处处不顺利的时候尤其如此。总觉得是谁在背后搞恶作剧，所有的一切都朝着希望的反方向而去。明明什么也没有做，但不知为何电器的电源线缠在了一起、掉下来的吐司总是涂黄油那一面朝下。肇身处的环境齐心协力地妨碍他。其实并非真的如此，肇却只能这么想。

而且，无法补救的过失总是在主厨盯着的时候犯。偏偏那种时候，会把冰淇淋弄得过分软、把水洒在地板上变得很滑之类。要是拿着绝对不能掉下来的东西，就一定会掉；烤蛋糕的话全都烤坏掉；准备给冰淇淋做摆盘的时候，会打翻整个容器……

仅仅因为玉米粒少了一粒就会被殴打。当然，等待他的是毫不留情的惩罚。因为每天都会被踢，所以膝盖以下总是有淤青。

那个时候，只要远远听到主厨的脚步声，就会全身流汗。他很清楚，主厨正凝视自己的手边。心脏扑通扑通跳个不停，手指尖开始颤抖。就像小学语文课上被叫到朗读课文时一样，身体变得僵硬，明明很容易的事情都会做不好。简直像噩梦。

恐怕是肇和那位主厨的气场相当不合吧。

肇本来就不是那种灵巧的人。

或许他本质上是一个完美主义者，所以没办法做到随便蒙混过关。如果完全掌握了某项技巧，就会做到别人根本模仿不来的高明程度，在达到这种程度之前，就跟笨手笨脚的人没两样。要么完全成功，要么完全失败。明明做不好还要去配合周围的节奏，一起把事情完成，对他来说是最不擅长的。

而且,主厨却要用肇这样明显经验不足的助手,去应付几个月前就全部约满的高级餐厅。可能在两栋高楼之间走钢丝还要更轻松一点。和肇拼命的程度完全不同,主厨更拼命。他没工夫让肇这个初出茅庐的料理人展现其笨拙的完美主义。

肇并非懒惰之人,擅不擅长先放到一边,总之,主厨的指示,他会用超过百分百的气力去完成。即使强力清洁剂的刺激让手肿了几倍,肇仍旧持续厨房的打扫工作。他在餐厅的一年时间里,至少完美地把厨房打扫干净了。就像他能用正确的分量精心做出英式奶油酱,比任何人做的都美味。

但是,仅仅到此为止。除此之外,不知道做什么好。

肇的才能和好奇心,以及上进心,全都在主厨掌管的厨房里,被日常工作蒙上了一层灰色。

"那时候,主厨会用像在路边踩到狗屎时看狗屎一样的眼神看我。比起被打被踢,这是最痛苦的。"肇说。其他年轻员工的眼神,可想而知。被19岁的男孩子以一种"那位大叔什么都做不好"的目光注视,真的很痛苦。

是否主厨和其他员工真的以这种目光注视着肇，不得而知。就说事实，尽管年轻的实习厨师一个个辞职了，一年后，肇还是没被委以洗碗和甜品以外的工作。那一年里他学到最多的就是打扫厨房的技能。就连尝尝酱汁的味道也不被允许，把锅子交给肇之前，主厨肯定会往锅底撒上中性洗洁精，肇连偷偷舔下锅底酱汁尝味道的机会也没有。

肇已经27岁了。每天早上起床的时候无比痛苦，并非睡眠不足的痛苦，而是因为起来之后就不得不走进那位主厨的厨房。就连起床去工作这种理所当然的事情，他都必须用尽全身力气，靠着斥责和激励自己才能做到。

那一年他体重下降了15公斤，半夜精疲力尽地回到家，也总是睡不着。回过神来，发现自己只是呆呆地望着床的一角出神。心想我到底在想什么呢。这样的时候越来越多。

"手肿得完全握不住东西，腿每天被踢所以一直淤青，精神上也趋近崩溃，一天只吃得下一顿饭，体重也直线下降。再这么下去精神会失常吧，有可能已经不正常了。"

"对那时的我来说,只有两个选项。放弃当料理人,或者去死。我已经不正常了吧?为什么选项中会有死呢?没有辞职这一个选项,是因为石头上还没有坐满三年,我下决心一定要努力三年。如果连这也做不到,那就只能放弃当料理人了。但是,想到要放弃料理,父亲和同事的脸就会浮现在眼前。为了当料理人,我不顾父亲的反对,毅然辞去了好不容易得到的工作。那家公司的人也对我非常好,我说要辞职的时候大家都很惊讶,但最后还是理解了我的梦想,不管上司还是同事都给我很大支持。说着'要加油'送我离开,还发来了许多鼓舞我的信息。想到他们,我绝对不能在这种地方放弃梦想。这样的话,最后只剩下死这一条路了。虽然得出了很奇怪的结论,但也是被逼到穷途末路了吧。是放弃做料理人,还是去死。我不停地烦恼,烦恼了一个月之后,最后的最后给父亲打了个电话,没想到却获得了意想不到的简单解决方案。'别再执着于现在这家餐厅了,去别的地方锻炼吧。法餐厅又不是只有这一家。'父亲这么说。"

父亲的一句话让他幡然醒悟。

于是打算辞去这家店的工作。

下定决心后，就向主厨提出了辞职的请求。然后，他将郁积在心中一年的想法全都倾吐了出来。比如不管为了做出多么好的料理，也不能让员工如此痛苦；你的料理可能的确是一流的，但是不能好好对待员工的店就称不上一流。具体说的现在也记不清了，大概就是这些内容。主厨应该也回了些什么，不过也完全不记得了。

"现在已经完全不憎恨那位主厨。并非忘记了那个痛苦的时代，而是意识到了：说到底我还是不成熟。总而言之就是我没用，那是全部的原因，尽是给主厨添麻烦。主厨正处在事业巅峰期，餐厅在几个月前就预约全满，客人希望在这里享用到最好的料理。主厨必须要回应他们的期待，这种压力不是一点点。每一盘料理都凝结了他的苦思，而我却拖了这样一个人的后腿。现在自己成了主厨，能充分体会到他的心情。即使这样主厨也没有辞退我，就这样把我留在店里。在这一点上就感激不尽了，然而我当时却完全没有意识到。甚至最后，还对主厨说了些抱怨的话一走了之，作为一个社会人，真是非常不应该做的事。不过想来那时候也别无他法了，只不过，辞职的话，早一点跟主厨商量会更好。哎，不过当时觉得，主厨那么恐怖，怎么可能去跟他商量。我是努力过了头，最后的最后内心绷着的弦就突然断了。现在我经常对我的员工说，不管有什么事都可以好好跟我聊，即使这样也有好几次员工突然辞职，真是因果报应啊。"

从翌日起，肇就开始寻找下一家餐厅，他在杂志上注意到，有家位于神户市郊区的很小的法餐厅路易·布朗（Louis Blanc），开在住宅街区这一点引起了肇的好奇心。

他跳上电车就去了那家店。没有事先预约，想着如果没有空位的话，就在店门口看看也好。

终于找到了那家店，果然跟杂志上写的一样，躲在安静的住宅街区里。

然而走到入口前却犹豫了，没办法推门走进去。周围也很暗了，既没有预约，又是一个人在这种时间走进法餐厅，不是没常识么？

先不管有没有常识，试着问下有没有空位总能做到吧，但连这也做不到。对现在的肇来说简直不可思议，可能那时他太胆怯了吧。那一年里，肇遭受的简直是心灵创伤般的深重打击，在门口站着看了一会儿，还是没能鼓起勇气去推开那扇门。

完全不知道该做什么好，肇慢吞吞地走在回车站的黑暗小道上。

特意来到这里，却在开门前就放弃了，是怎么回事？如果没有空位的话，不就是被拒绝而已吗？就算说"没有预约，一个人来的"，也不会被主厨用胡椒研磨器打啊。这样一想，接着便从腹腔深处涌起了笑意。

不知不觉走到了车站，他想要不还是吃了饭再回去吧。都已经买好车票准备回去，肇又折返了，总算整理好了心情。

回到店门口后，什么也没多想就推开了门。黄油混合着酱汁的香气，有一股法餐厅的美好味道。很幸运还有空位，这一位客人马上被迎了进去。

不过，更幸运的是，这间路易·布朗的菜非常美味。

不仅仅是美味，而是肇至今为止都没吃过的那种个性十足的法国菜。好想在这家店实习啊，可能不是那么容易的事情，不过多请求几次的话总可以吧。一边庆幸鼓起勇气走了进来，一边品尝着菜，这时候被倒红酒的侍酒师问道：

"您是不是料理这一行的呢？"

肇伸向酒杯的手上布满裂口，一看就是每天长时间从事洗刷工作的人的手。而且，独自来到这种一看就不便宜的法餐店，带着一副奇妙的表情细细品味。看到那副样子，就算不是夏洛克·福尔摩斯，多少也能推理出来一点，而肇因为自己的身份被看透大为敬佩。于是毫不犹豫地点了点头，把自己在大阪那家店工作的事情都说了出来。

"啊，那可真是不容易啊。"

在关西的餐厅业界，肇工作的那家餐厅的厨房之严厉，早已成为大家的谈资。当说起在那里工作了一年之后，侍酒师瞪大了眼睛。

"那么长时间，待在那个厨房么？那现在呢？"

"还在找工作呢。"

"啊，是这样啊。我们这里现在也正在招人，可以的话，不如跟主厨见一见？"

如果写小说的话，可能会被大家说这种情节展开太容易了。不过现实中有时候就是会发生这样的事。无论做什么都做不好，不管做什么结果都失败的人生，也有可能幸运突然就手牵手地飞进了口袋中。哎，虽说并不常见。

"请让我在这里工作。"

肇向厨房出来的主厨低下头，对方却这么说道："不过，我们这里可能会比你之前那家店更严格哦。"

第二天，肇带着简历又一次前往这家餐厅，最终被录取了。那天他先定下了住所，次日就进入厨房开始工作了。距离从上一家店辞职，还不到一个礼拜。

持续了几个月的烦恼就像是一场谎言。

路易·布朗的主厨兼老板岛田敦哉曾在巴黎七区的米其林三星餐厅琶音（L'Arpège）工作。不用说也知道，琶音是现代法餐界鬼才阿兰·帕萨尔的店。因为极其细致的甚至可说是艺术的用火方式，帕萨尔一度是风靡世界的料理人。

作为那个人的弟子的岛田敦哉，他精心烤肉的方式在当时的常识下难以想象。平底锅的温度极其低，就算用手直接触碰锅底都只感到温暖的那种低温。一边细微地改变肉的角度，一边慢慢用火加热。比起直接烤，倒更像是在和肉说悄悄话。

这种料理的方法论也好，厨房的氛围也好，和之前那家餐厅有着天翻地覆的差别。不同的主厨肯定会不一样，但对肇来说全都很新鲜。

"以前那家店连员工用餐也很苛刻，午市开始前会让大家吃饭，但内容不过是味噌汤和米饭罢了。而且，味噌汤甚至连高汤都不用，非常淡，里面顶多就漂浮着一点西兰花的茎和菌菇蒂。如果坐下来吃的话，马上会惹怒主厨，'别优哉游哉坐着吃！'说完背后一脚就踹过来了，只好把味噌汤倒进饭里站着吃完。然而下一家路易·布朗，吃的却是副厨精心制作的饭菜。像煎蛋卷加上蔬菜沙拉，还会充分考虑营养的平衡。和从前太不一样，现在好像来到了天堂一样。但因为养成了站着吃饭的习惯，还被岛田主厨怒斥，'不要站着吃饭。'现在想起来可能觉得奇怪，但当时的我感到十分意外，反问道，'咦，坐着吃饭也没关系吗？'主厨就更生气了，'当然啦，你是傻瓜吗？要做料理人的话，请更加认真看待吃饭这件事。'啊，原来是这样，这才是正常的啊，于是在那里工作了两年半时间。"

不过相比之前的餐厅，这家店的厨房清扫倒是没有那么彻底。之前那家店简直就是比样板厨房还要干净的程度，这也是没办法的事。

肇心想，打扫卫生正好可以展示自己的能力，工作结束后，他像在之前的店里一样把厨房打扫得闪闪发光。此后，每天工作完成后，他都会对厨房进行彻底清扫后再回家，只不过这次是真的想要好好跟随主厨在这里实习。肇一直紧跟在主厨身边，摆出一副"只要我能做的都会做"的架势来。这样是很好，但问题出在后面。

就算摆出了架势，还是不知道该怎么行动。

肇周围的环境虽然已经变了，但他自身却没有变。肇仍旧不知道自己该在厨房里做些什么好。只会像个木偶人一样杵在那里。

如果说，这是像便当工厂那样实行分工制的地方，那么肇肯定马上会成为优秀的员工。他的干劲不输给任何人。

洗蔬菜也好，杀鱼也好，无论做什么都带着他那样的满腔热血，肯定很快就能比别人做得好。只要知道自己接下来该做什么就可以了。

然而，这里是餐厅的厨房。

厨房是某种战场。在战场上，任何无法预测的事情都可能发生。倒不如说，一切都是在无法预测的事态上建立起来的才对。而且不仅仅是对肇，对包括主厨在内的所有员工来说都是如此。

谁都是冒着敌人的枪林弹雨向前行进，不管你是新人也好什么也好，都得自己去寻找该做的事情。然而根本找不到自己该做的事情。连一个告诉肇该做什么事情的人都没有。

当然，像"洗下这个锅子""把鸭肉从冰箱里拿出来"之类的简单工作，肇倒是经常被要求做。但是更复杂一些、需要说明的工作就不会交给他了，根本就没有仔细说明的时间。比方说要求肇"准备酱汁"，就会一下子收到许多提问，"是什么酱汁呢？""用什么做比较好？""该用什么工具呢？"之类。肇现在刚刚得到实习的机会，想到今天能学到酱汁的制作方法，一门心思地提问，但大多时候都被"之后再说"搪塞过去。如果——回答这些问题的话，还不如自己做来得更快。主厨咂了一下嘴巴，自己开始准备酱汁。所以只能跑到主厨身边，帮他拿一下眼前的锅子啦，把刀递到他手边啦，做着这样一些毫无意义的辅助工作，一天就过去了。

面对如此没用的助手，总是摆出一副深思熟虑的表情站在厨房却什么也不会干的肇，我心想，主厨对他还真是放任。这位主厨虽然也经常打员工，不知为何却几乎没打过肇。可能肇的干劲充分表现出来了吧。

只不过，在达到主厨忍耐的极限之前，肇自己先忍不住了。完全不知做什么好也不知道该怎么做，就这么在厨房里站了3个月时间。刚刚过3个月的时候，肇无论如何也忍不住了，于是就向主厨表明了心里的想法。这样下去的话，会和之前那家餐厅一样。

"完全不知道自己该在这间厨房里做什么，到底我应该怎么做呢？"

下定决心这样说出来之后，主厨却是一副意外的表情。通常员工要找主厨商谈的时候，都是要辞职。主厨似乎在这 3 个月里一直看着肇，心想，"不知什么时候会来找我说呢。"听说肇其实想要干下去，他吃了一惊。

主厨稍微思考了一下，这样回答道：

"你啊，法国菜中高汤和慕斯的制作方法之类，已经学得很好了。但我们店的情况却完全没有学到，所以才会不知道要做什么。你到底有没有看过我们家的菜单呢？"

简直像是脸上直接被打了一巴掌，只好如实回答："没有，没看过。"

的确，肇连自己工作的餐厅的菜单都没有看过，光顾着考虑研修的事情了。

肇深信，要学到法国菜的技巧，就应该好好进行法国菜的研修。

但是，他大错特错了。

坦白地说，肇在这家餐厅工作主要是为了自己，完全没有为了餐厅去做些什么的想法。如果有一点点为餐厅考虑的话，至少也会看一下菜单。

连这都没有做，是因为肇抱着主厨教他做菜，而他来帮手这样的态度，站在厨房里。

如果要为肇辩护的话，可以说法餐厅给厨房员工的薪酬很低。最开始工作那家餐厅的月薪是10万日元，现在的路易·布朗是11万日元。每周休息一天，其他时候每天从清晨工作到午夜，只有这点薪酬。按照一般社会常识来说有些离谱，但在这个行业并不出奇。不如说越是一流的餐厅薪酬越少，这都成了常识。越是好的餐厅，有志向学料理的人越是挤破了头要进去。非常有名的餐厅的话，还有求职者宁可不拿钱也要在里面工作。自然，同样是实习，谁都想要进一流的餐厅，也是人之常情。所以说越是一流的餐厅薪酬越少，只不过是某种程度上的供需平衡罢了。

然而，薪酬如此之低，一般来说很难长期干下去。基本上用两三年的时间，把这家店能学的东西全部学到了，再换下一家店继续实习，这是一般的模式。

也由于这种情况，从料理实习生的角度来看，比起正式工作，还是无论如何要在餐厅实习的意念更强大。于是拿着令人难以置信的低酬劳，就算被骂也好被打也好，仍旧默默地工作着，只是为了磨炼自己的手艺。

然而，在学校学习料理和在厨房里制作料理，两者之间有着巨大的鸿沟，那是决定性的差别。学校里的主人公是自己，为了让自己掌握料理技能而学习。在厨房做料理却不是为了自己，而是为客人而做，为了让客人感到满足。那才是料理人制作料理的唯一目的。

"不知道自己在这间厨房里该做什么好。"

肇对主厨如此诉说。会说出这样的话本身，就把他什么也不懂这件事展露无遗了。肇存在于厨房里的唯一意义，就是去满足客人，除此之外就没有了。

当然，作为见习生的肇，并没有办法直接满足客人。厨房里能做到这一点的只有主厨一人。那样的话就很明显了，肇需要做的就是全心全力去当好主厨的助手。主厨做出美味的料理，只有与这一厨房全体人员的最初目的融为一体，自己的工作才有了意义。就连这么简单的事情也不明白，一门心思只考虑自己的事情。

那正是肇所陷入的圈套。

因为只顾着考虑自己，所以什么都没法做好。

呼吸新鲜空气的时候，首先必须把肺里旧的空气吐出来。研修的第一步就要从丢弃自己开始。肇想，从现在起就以当好主厨的助手为目标而工作。为了让主厨能更好地完成工作，去做自己能力范围内的所有事情，就是自己在这间厨房的工作。

这样下定决心之后，肇的眼前仿佛拨开云雾见天日，就像站在山顶往下俯瞰一样，清清楚楚地看到了自己该走的道路。

"我完全不知道研修的具体做法，认为在主厨手下学习料理就是研修了。但那只能算是二等、三等的研修。所谓料理人的研修，就是学习主厨在思考什么、在看什么。更极端一点地说，那便是全部。如果不懂得察言观色，就没办法做主厨的助手。也就是说，在厨房里帮不上任何忙。我当时就是那么一种状态，那是因为我光顾着考虑自己的事情。我认为只要把自己的事情做好就行了，但这完全是错的，所有的工作都有关联，绝对不是仅仅做好自己的事情就可以了。这件工作和下一件有关系，下一件和再下一件也有关联，从那时候起，我才开始思考自己的工作最终会产生怎么样的影响。反过来说，终于明白了其实全部都是自己的工作。"

能把全部都当作是自己的工作吗？那就是成败的关键。不局限于厨房。那是这个地球上，也就是对全世界的新人来说都能适用的真理。用露骨一点的表达方式，就是除此之外没有别的秘诀。

这个世界由两种人组成。能实现梦想的人，和仅仅在做梦的人。使唤别人的人，和被使唤的人。成功之人和不成功的人。主角和配角。

这里不是说哪种人生更好，哪种人生不好，只不过这两种人之间，隔着一条又深又宽的河流。

不过，有一座魔法之桥可以跨越这条河流。

唯有内心深处认为所有都是自己工作的人，才能看见那座桥。那正是跨过桥的唯一钥匙。

并非说的那么简单。全都认为是自己的工作，站在肇的角度来说，那就是要将自己的全部奉献给餐厅。餐厅老板即主厨也就是他的老板，自然能做到，但肇要做到那种程度的话，无疑跟舍弃自身没两样了。

月薪只有 11 万日元，一般考虑的话，怎样都不合情理。

令人看不见那座桥的魔法的真面目就在这里，大家基本上都会在这儿跌倒。谁都渴望成功，但真正的成功者很少，恐怕里面是有些缘由的。这是有人类历史以来，所有文化圈都口口相传下来的献身之真理。

这个世界上，有必须付出才能收获的东西。

"你们要给人，就必有给你们的。"（路加福音 6-38）

肇也做好了舍其自身的觉悟，准备渡过那座桥。

从那天起，他就变了。

完全变了一个人。宛如破茧成蝶。

在路易·布朗这家餐厅里，肇还交到了两位终身挚友。

岩永步来到路易·布朗的时候，肇也才开始工作没多久。时间上来说，岩永应该是正好看到像木偶一样呆立在厨房的肇。

然而，在岩永的记忆中，却没有这样的肇。据他说，"现在回想起来可能是这样，但他的确有成为一流料理人的基本功，他不过是把理应做成的事情做成了。"

岩永是 Boulanger，即面包职人，而肇则是 Cuisinier（料理人），虽然两人在同一个厨房里工作，做的却是完全不同的工作。岩永本身也是头一回在餐厅工作，正处于想在新环境里拼命烤出新品种面包的时期，大概也没有多余精力去关注其他人。

这暂且不论，岩永对肇最初的印象是"讨人厌的家伙"。

"我的反感情绪很强烈，虽然真的有点孩子气，但那个人如果在店里，我甚至就很不想去。想到今天又会被他说什么什么之类。"

岩永比肇小两岁，当时 26 岁。他一开始在街上的面包店研修，后来邂逅了只用面粉、水、盐和天然酵母制成的正宗法式面包，在当时的日本，会制作这种纯法式面包的职人还很少，于是他立志成为那样的面包师。路易·布朗是岩永就职的第三家店，他也有属于自己的很长一段故事，在与肇不同的意义上，那也是非常令人感动且意味深长的故事，只不过具体说的话，恐怕又要写出一本书了。这里就简明扼要地述说一下。

虽然作为面包师在路易·布朗工作，但此时岩永心中怀有巨大的不安。说心里话，他还没到对自己的工作胸有成竹的阶段，而且当时路易·布朗还不具备面包专门店拥有的那些基本工具。也没有发酵室，甚至没有烤面包专用的炉子。要是经验丰富的话，即使这样也应该能对付，现在的岩永说道。但对于当时的岩永来说，最缺乏的就是充分的经验。他也跟肇一样，从室内游泳池被放逐到波涛汹涌的大海。

在这种状况下，岩永首先接到的任务，是将路易·布朗的面包替换成正宗的法式面包，于是开始烤制试吃品。

这是很多意义上来说没有正确答案的工作，岩永满头大汗、想尽办法总算把面包做出来了，一般来说总能理解这种窘境，然而走近他的却是完全不懂察言观色的肇。

试做的面包烤出来时，他就过来吧唧吧唧吃起来了。而且喃喃自语地说起感想来。其感想是令人震惊的辛辣评论。

"他真的是不懂察言观色，完全不懂。我又没有拜托他，出乎意料还很积极地跑过来试吃。不仅是我的面包，主厨做的料理也会大口大口地吃下去。他也刚刚入店没多久，应该不能这样吧。普通人的话肯定会有所顾忌，他却像理所当然那样去吃，尽管谁都没有拜托他。我知道这是对的，因为给客人提供美味食物是我们的职责。不管是新人也好什么也好，应该要好好品尝一下发表感想，但正常情况下总会有顾虑吧。但他呢，完全没有那种顾虑。就好像法国人一样。他一副理所当然的表情，把手伸向了我烤好的面包，吧唧吧唧地吃着。然后说了很过分的话，'为什么这么难吃？'"

不可能不被这种毫无顾虑的感想所伤害，不过岩永说，即使这样也没有吵架。肇只不过是说出了自己的感受，而岩永本身也很清楚，比起模棱两可的感想，发自内心的真正意见对自己来说比什么都重要。

"应该说是欠缺一点情感上的细腻呢，还是什么呢？'为什么花那么长时间做出难吃的面包？'他可是向做这个难吃面包的本人提问哦。恶意是没有的，他说'不好吃'的时候，目光非常清澈。不是想要耍坏心眼，也不是故意陷害人，完全感受不到这样的情绪。'为什么要做那么不好吃的面包？'他是真的感到不可思议才提问的。但我这边却很受伤，感到不甘心，记得我是这样回答的，'不是因为想做得难吃才做的。'不过说到底，我们的工作啊，眼前的东西就是全部。面包难吃这个事实不会改变。这样考虑的话，他其实一点错也没有。他不是那种不顾忌人的人。他很会为其他人考虑，但他不会做让对方退步的事。'哦还不错。'这样的感想，我反而不会当真吧。直接被说'不好吃'的话，反而想要努力去做点什么。我就是想着要做点什么然后拼命去努力的。真是变得像心理阴影一样。"

不可思议之处在于，肇完全不记得说过那种话。

"竟然有人这么认真在做东西，只记得这个。那个人很喜欢面包啊，好几次看到岩永工作的样子我都会想。他会和面包说话。放进烤炉的的时候，他会说'去吧'。他处理面团的手势也很温柔。我是否也能像那个人那样全神贯注在工作上呢，切西红柿的时候是不是只想着西红柿来切呢，我下意识地扪心自问。"

岩永在那之后，受尽非笔墨和言语能形容的艰辛，最终留下妻子儿女在日本，只身一人远渡法国，在巴黎的凯泽之家（Maison Kayser）实习，同时也像奉行禁欲主义的求道者那样，在法国各地旅行和品尝法餐，只为了探究料理和面包的关系。虽然现在日本有很多优秀的面包职人，但像岩永那样先考虑料理再烤制面包的人却是少数。他之所以会走上这样一条罕见的道路，其中一个理由便是肇的存在。

"因为肇他绝对不会停下来，我很清楚这个人绝对不会停下来。所以自己也一刻都不能停。就算做出了一些努力，也没有去自满的工夫。如果不继续往前追的话，绝对会被抛在后面。唯独这一点让人很不爽。总有一天他会创作出属于他自己的料理吧，到那时候，先不说是否能一起工作，至少自己也要烤出不输给他的料理的面包来。"

肇刚在日本刚刚开始实习，还什么都不是的时候，岩永就已经准确地预测到了他的未来。想要烤出不输于肇的料理的面包，到后来再回看岩永当时的想法，具有很大的意义。肇抱着感激的心情，给岩永赠送了礼物，这就是后话了。

还有一位朋友名叫志水阳子，辞去小学教职的她，偶然在杂志上看到路易·布朗料理的照片，以此为契机跑去工作。就是路易·布朗主厨做的那道鹅肝，照片非常美。

阳子说："自己也很想做这样的工作。竟然有做出如此美好料理的人存在。我毫无逻辑但是强烈地感到，在那里也许会有什么希望，也许能找到自己的道路。"

和料理的世界完全没有关系，而且此前也不感兴趣的她，即便是多么美的一张照片，能让她产生如此的震动，可能是她内心正在渴求什么东西吧。并非特别的缘由而辞去教职，只不过怀着满腔理想投身进去的那个叫作学校的职场，比想象中更死板拘束，而且充满旧习。

她来到路易·布朗的时候，肇已经在那里工作一年了。

有传言说，和命中注定的人相遇时，某处总会有钟声响起。

阳子是作为服务人员被雇用的，上班第一天，初次拉开厨房的门，映入她视线的就是身穿白色厨师服的肇的身影，当时她的印象是这个人眉毛很粗。

钟声没有响起，取而代之的是几乎要让心脏崩溃的打碎盘子的声音。

阳子说，肇打算要拿什么烹饪工具，把手伸向架子的时候却失误了，把上面堆叠的盘子全都弄了下来。肇的解释是，橄榄油滴下来，盘子滑了一下才会掉下。嗯，这样也行。

那个碎盘子的声音，无疑也可以当作是两人的钟声。可能是料理之神发出的声音。听到这件事之后，我这么想。

不过在当时，对两人来说只是单纯盘子摔碎的巨响。

对肇而言，那不过是家常便饭的声音，对阳子来说，是象征她进入这个世界的动荡之音。

紧接着碎盘子声进入她耳朵的，则是主厨对员工下达指令的声音。在她听来，那是令人恐惧的叱骂声和怒吼声。实际上听到人发出这类怒骂声还是第一次，自己纵身跃入的世界好像不是那么好啊，她陷入片刻的沉思。做出如此美好料理的居然是这样一些人，阳子暗自受了打击。

等到适应了那个修罗场般的厨房后，她才稍微注意到之前没注意的东西。首先让她在意的是主厨和肇的关系。主厨生起气来，不论是怒骂还是拳打脚踢，矛头都不会指向肇。就算厨房一片兵荒马乱，肇的周围就仿佛是真空地带。两人之间存在一种深刻的信赖关系。不仅仅是互相信赖，在阳子眼中，那位恐怖的主厨在工作时只对身为助手的肇抱有敬意。厨房的头领是主厨没错，但肇也好像是一国一城之主，就算主厨也没法轻易入内的感觉。很快她就明白了理由。

即使在新来者的眼中，肇工作的样子也绝不普通。总之就是超乎寻常地快，看到现在肇的工作状态，就能想象出那种猛烈的速度。据阳子说，如果单纯比较速度，可能那个时候更快。

岛田主厨的工作速度也快得令人吃惊。不仅仅是快，两人几乎不做任何交谈，但步调不可思议地保持一致。主厨和肇并排工作的样子，在阳子眼里就像两位剑术高手，沉默却认真地一决胜负。

那种直觉是正确的。

对肇来说，这就是某种格斗术。从9个月前那天起，肇一心要成为主厨的完美助手而埋头工作。为了让主厨专心烤制肉和鱼，他就准备开胃菜和前菜、制作酱汁、进行摆盘，肇做了所有必须的辅助工作。

首先，肇完美地记住了菜单，所谓完美，就是每道菜需要的食材、使用的盐或香料的种类和分量、制作的步骤、必要的烹饪工具等，在客人点单的那个瞬间，脑海里就会出现全部的形象。

做到这一步之后，接下来就是将每一桌点的东西全部凭记忆再现。当时的路易·布朗一共有四种套餐，每个套餐里的冷盘和主菜还有几种选择。这些全部都要实时记在脑子里。第一张桌子共有四位客人，A套餐两位，B套餐两位，A套餐的客人冷盘是什么、主菜是什么，第二张桌子是C套餐和D套餐……类似这些细节，满座时18人的点单以及分别进行到套餐的哪个部分，肇训练自己就算不看点单表，也能瞬间让所有东西浮现在眼前。就连肇一开始也觉得自己根本没办法记住那么多，但他拼命去记忆，不知不觉就做到了。

如此艰苦训练，是为了读懂主厨的下一步动作。要做好主厨的完美助手，任何时候都要比他抢先一步才行。被主厨吩咐做这个做那个，就没办法成为称职的助手。这种步调，类似足球比赛里前锋和中锋的关系。如果等前锋已经跑到射门位置时再传球的话，就晚了。

预测主厨下一步需要什么，然后在主厨刚好需要的那个时间点递给他。阳子所说的主厨和肇步调一致，其实就是肇做好了完美的辅助工作。

学会游戏规则之后，那就是肇最擅长的了。大学时期如此热衷于去正道会馆，回过头来考虑，说是为学厨所做的事先训练也无妨。空手道对峙前，需要揣测对方的动作然后做出反应，这和厨房里要先揣测主厨的举动再工作，从本质上来说是一样的。

"如果没有做到主厨期望值以上就不会被认可，所以我总在考虑如何能做到超出他的预期，一直是随时准备行动。看着主厨无声的背影，他想要什么、是要平底锅还是炖锅、接下来是不是要做汤，我会调动全部神经去感知。我几乎不开口说话。岛田先生特别看重灵感，不会预先做好料理。把肉切成一人份大小叫做 portion，即使 portion 他也绝对不会事先做好。鱼料理和汤也是同样。客人下单之后，再切肉、杀鱼，开始制作酱汁。那一天的菜单也是等客人来了之后才开始写。今天会做什么呢？永远是未知的。即使买了山一样成堆的食材，还会经常发生'啊，这个能做么？材料都没有'这种事。我们这些助手们经常很混乱。只要有几桌坐满了客人，厨房里的事情就会堆积如山，感觉几乎没法完成了。'不行了不行了，不是傻瓜么？为什么不多雇一些人？'每天都这样想。但是，说到底也无法改变客人在餐桌前等候的事实。就算不行，也只能做。这样一想，头脑瞬间就清醒了，为了做好菜，手必须快速动起来。再快点，再快一点，就这样突然能做到了。哎呀，能做到这种程度，也花了一年时间。之后又过了一年半，虽然还在那个厨房，实习快结束的时候，包括酱汁中隐藏的底味所需的材料，我全都能将适当的分量放入勺子，啪啪啪地排列在一旁。接下来不管去哪里的厨房，就算语言不通，只要看着主厨的动作，就知道必须准备什么。"

阳子在路易·布朗工作了一年后离开，直接原因是来了新的侍酒师。这样的小餐厅根本不需要两名服务员。

那一年，她独自承担起餐厅的接待和服务工作，虽然非常辛苦，但能直接体验客人的喜悦与感激，有时甚至是训斥，她爱上了餐厅这个单纯的职场，正因为如此，离开是非常痛苦的选择。就像逃跑一样离了职，就连一起在店里工作的同事也没再联系。她收到了肇对于工作伙伴不辞而别满腔怒火的信件，但没有回信。要是一直那样下去，他们不会再见。

在阳子记忆中，那封信是2002年夏天快结束时收到的。正当她凭借大学时取得的资格证去幼儿园帮忙的时候，收到了来自肇的信件。

"我辞掉了餐厅工作，要去法国。"

离开路易·布朗才不过半年，如此冷淡简短的信件，从盖上盖子忘却的过去而来。但是，为何受到如此大的冲击呢？到现在也不明白。总而言之，有种自己孤单被抛下的感觉吧。至今为止一次也没有把肇作为男性看待，只是有点在意的某个人，因为他总是说些不知所云的大话。

那时候已经成为店里最老资格员工的肇，先不论外表，他身上有种老大哥的气质，尽管拿着低廉的薪酬，但半夜结束工作后，他会倾囊而出带着其他员工一起去吃饭。

在饭桌上，肇毫无顾忌地大放厥词，30岁之前要去法国，35岁要拥有自己的餐厅，成为超一流的料理人之类。总是说着大话梦话，谁都不认为那是真心话。

阳子认为他在胡说。可能对主厨和肇不太尊敬，但在这家店努力几十年都无法实现这个梦想。他做菜时的手速、专注度和气势，确实非比寻常。就算是料理门外汉的自己，也模模糊糊可以理解。然而，这跟肇想去法国留学、自立门户成为超一流料理人的梦想，完全不是一回事。拿着可笑的微薄工资，还能专心致志从清早工作到深夜，她对这样的他们怀有尊敬，也感到钦佩，居然能对工作热衷到这种程度。多亏了他们，自己作为服务生才能经常从客人那里收获感谢的话语。她还想到，肇真是热爱料理啊。

不过，正因为如此，这样说恐怕不太妥当，但在这么小的餐厅里被日常所束缚的他，怎么去法国留学呢？那只不过是虚无的梦想罢了。

那个人到底在说什么呢？不是把他当傻瓜，也不是看不起他。只不过，他的理想与现实之间的鸿沟太过巨大，让人张口结舌。因为他每天都说着同样的话，久而久之，她就当左耳进右耳出了。

没想到，那个人还真的就去法国了。

而且，勉强也算是应了30岁之前去法国的大话（那是肇 30 岁之前的夏天)。对于米田肇爱说大话的认识，可能错了。

她想，这是真的做到了一样呀。

充满厨房的烤面包香气突然在鼻尖苏醒，他连招呼都不打，狼吞虎咽地吃着刚出炉的面包。阳子回想起那段非常忙碌但格外充实的日子。

回过神来，她已发了回信。就在肇去法国之前，很想再见一次那张眉毛很浓的脸啊。

第五章

米田肇是日本的间谍

ハジメ・ヨネダは
日本のスパイである

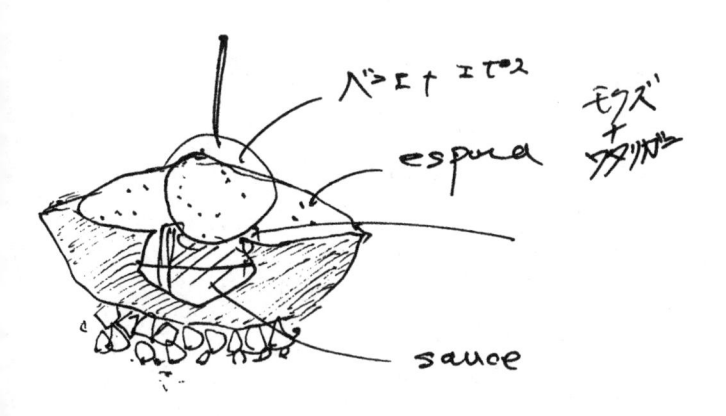

Côte d'Azur 被翻译成蔚蓝海岸而非蓝色海岸，因为 Azur 在古代法语中是蓝色的意思，现在除了地名和纹章学以外不太常用。这一翻译的绝妙之处在于，相比单纯的蓝，蔚蓝指的是更深厚的蓝色。比起直译成蓝色海岸，用蔚蓝海岸一词更能让人联想到大海深沉的颜色。

地名给人的联想往往到了实地后会感觉被骗了。但蔚蓝海岸却是例外。那种美丽程度，光是眺望远处的大海就会想要落泪。不仅是海，包括面朝大海的街道、以及在那里生活的人们，全都很美。

在人山人海的日本，从早到晚被关在昏暗的厨房里，对肇来说像是不可思议的遥远过去。仅仅一周前还在那里，压抑着郁闷的心情，削着洋葱和胡萝卜。

坐在能够俯视蔚蓝大海的路边台阶上，抬头看着蓝极了的天，一边把法国面包做的三明治塞入嘴里，肇想起了日本的事情。他所在的是面朝蔚蓝海岸的昂蒂布镇，西下是戛纳，东上是尼斯，穿过尼斯再往东开车 30 分钟，就到了像电影一般的地方——摩纳哥。

肇寄宿在镇上的一户人家，念语言学校，时间是 3 个月。在开始法餐的实习之前,想稍微学一些法语。虽然有些担心仅仅3个月能有多大效果,但总比什么都不学来得好吧。因此,从日本出发以来,他到现在连一次菜刀都没拿过。

这样悠闲的生活太久违了。

"是啊,在日本忙这忙那时间安排得很满。毕业以来3年半时间,从早到晚全被工作占据,身心都磨损得很厉害。自己是真心喜欢这份工作吗?老实说,好几次我都这么扪心自问。可以说是在那种紧张情绪中开了个口子,到了法国,稍微能从容一些了。天空和大海都很蓝,我坐在台阶上一边吃三明治,一边自问自答。到底是为了什么,自己才来到这里?自己真的从此要继续走料理的道路吗?想了很多很多。然而,最终得出的结论是,果然还是想做料理啊。那种感觉到现在还记忆犹新。啊,自己想做料理。"

虽说是年少时的梦想,他辞掉一帆风顺的工作,过了

25岁，才进入料理的世界。一方面是勇气可嘉，一方面也是他自身性格所致吧。在日本的法餐厅实习三年半的时间里，肇一直忘我地全身心投入工作，连睡觉时间都尽力压缩。一无所长的年轻人想要变成有潜力的料理人，无论如何都要花这些时间，只不过付出的代价或许是，他的内心不知不觉也凝固起来，变得坚硬。

正是南法的太阳，将肇的内心慢慢融化，使之变得柔软起来。

也许是对肇如此努力的褒奖，料理之神给他准备了一个意想不到的礼物。

寄宿家庭那位夫人做的料理非常美味。

虽然不是那么精致的菜肴，只是普通的家庭菜式，但非常美味。

尤其使用蔬菜的料理，让人印象格外深刻。总而言之，用的蔬菜很新鲜，而且味道带有一股生命力。一般来说，法国的蔬菜比日本的蔬菜味道更浓厚，也更好吃，但那一家的蔬菜更不一般。

打听之后才知道，也是理所当然，寄宿家庭男主人的本职工作是开蔬果店的,给摩纳哥蒙特卡洛一家冠有路易十五名字的著名餐厅供货。在寻找寄宿家庭的时候,饭菜好吃是肇的先决条件,但是竟然真能找到这样的人家,肇连想都没想过。

对于喜欢法餐的人来说,肯定会支持"来自料理之神的馈赠"这种说辞。冠有路易十五名字的蒙特卡洛的餐厅,自然是巴黎宾馆(Hotel De Paris)里面的路易十五餐厅(Le Louis XV)。

被称为天才的艾伦·杜卡斯,在他33岁时成为史上最年轻的米其林三星夺得者,也就是在那家餐厅。肇这3个月里每天吃的,正是和三星餐厅路易十五同样的蔬菜。

3个月语言学校的学习结束后,肇暂时回了一趟国,次年2月又来到法国。一开始实习的贝尔纳·罗班(Bernard Robin),位于以文艺复兴时期古城著称的卢瓦尔河谷,是一家米其林二星餐厅,以传统风味的野味料理闻名。

法国的环境大概跟肇气场相合。食物自然不用说,跟人交往的方式，人和人的距离感，还有文化、教育问题以及政治上的东西，全部都被法国的一套所感化。"那个时候，真的完全被法国影响了。"肇笑着说。也有可能他本身性格中的一部分，比起日本，更适合在法国开出花朵。

在厨房和法国人一起工作的时候，这种倾向尤为明显。日本是枪打出头鸟，然而法国却是出头鸟才更受关注和重用。

3个月时间的语言学校学习，并没有让他的语言能力突飞猛进。虽然最初只会说"我是Yoneda"等自我介绍的语句，但记忆中却没有因交流问题而感到辛苦。在厨房里工作的时候，根本不需要深奥的语言。不管日本人还是法国人，做的事没有那么大差别。

关键在于，正在做的是法国菜。

只要看到主厨和员工的动作，那么接下来要怎么做，需要什么，以及自己做什么能够帮上忙，肇基本上都了然于心。自己只要会说"Qu'est ce que je fais？（我该做什么？）"就行了。如果手头空下来的话，就站到看起来很忙的人旁边问："Qu'est ce que je fais？"

"Qu'est ce que je fais？"

"（切下）这个！"

"Qu'est ce que je fais？"

"（去掉）鱼骨头！"

"Qu'est ce que je fais？"

"打扫！"

就这样，一天里毫无休止地工作。

在语言能顺畅沟通的日本餐厅的厨房，他花了1年零3个月才改变什么都不会做傻站着的状态。然而进入语言不通的法国厨房，反倒是第一天起就毫不犹豫地动了起来。当然，这是由傻站着的日子一天天积累而来。肇现在如鱼得水。

"卢瓦尔河谷被评为世界遗产，那里有无数古老的城堡。餐厅附近就有一座美得不像这个世界的东西的香波尔城堡。餐厅老板贝尔纳·罗班先生是曾在这座城堡里为伊丽莎白女王和戴安娜王妃做过晚宴的名厨。他身材健壮，很有法国主厨的感觉，而且易怒，所以法国员工都有点怕他，不过他对我倒是很宠爱。'从厨房拿食材回去练习料理也可以哦。'他会这样对我说。知道我没有车，不仅借我车开，休息日还和太太两人带我出去兜风。跟日本的氛围真是完全不一样，首先整体环境都很开放。比方说，我最初在日本实习的那家餐厅，尝料理的味道是完全禁止的，就连做酱汁的锅送到洗碗处时，主厨也一定会在锅底倒点中性清洁剂，即使想偷偷舔一口也没办法舔。但是罗班先生在我去的第一天就说，'这个吃过么？''尝下这个的味道。'把很多东西拿给我。没有任何秘密。无论什么都会慷慨地教你，厨房的氛围和日本完全不同。"

因为是以野味闻名的餐厅，连野猪也是由餐厅自己来杀。把猎人打到的野猪一整头拿到厨房，然后宰杀。也杀过超过 200 公斤的巨型野猪。

关于宰杀步骤，主厨也不厌其烦地一一向员工说明。要是在日本的话，肯定会说"新人闭嘴，从头到尾好好看着"，而罗班的店完全不一样。连非常细微的地方也会仔细教导"要这样做"。当然，"闭嘴看着"这种教学方法肯定也有它的长处，并非哪个好哪个坏的问题。只不过是一种文化差异。至少肇更喜欢法国人的做事方法。

第五章｜米田肇是日本的间谍

"厨房里有一块野猪专用的巨大砧板。当野猪运到之后,首先大家将野猪肚子朝上放在砧板上。然后从四肢开始把皮都剥掉,因为野猪毛里面有寄生虫,被警告着'小心点,那个进入人体内的话会死哦',一边小心剥皮。剥完后,展开皮毛,就像是把剥皮野猪放在上面一样,然后才开始宰杀。这样去除内脏,这样把头砍掉,都有既定的步骤和准备工作,这些全都一一教给我们。现在这样说可能会感觉残酷,实际上在那个场合,完全没有这种感觉。手法娴熟,毫无任何多余动作,虽然有大量的血流出来,也几乎没有弄脏周围。'啊,这些人从遥远的过去开始就这么吃野猪啊!'我满心佩服地看着。不过宰杀野猪倒没有那么频繁,野兔每周大概会杀50头左右。因为还得让肉进行熟成,真的是味道很重。连法国人也会'呕'地反胃。用那个可以做一道叫做皇家野兔肉(Lièvre à la royale)的传统菜,制作方法有很多,我在那间店里学了并且经常做的,是19世纪的古典方法。简单说明的话,首先宰杀野兔,50头全部杀好后,内脏就在大桌子上堆成了小山。然后把肺、肝和肾脏放进搅拌机里,加入大蒜、欧芹、红醋和干邑白兰地，一起打成泥……"

不论是眼见的东西，耳朵听到的东西，还是尝到的东西，全都很稀奇。

鹅肝也好，松露也好，亦或是野兔和野猪肉，虽然在日本也不是没见过，但在这里看到的却是另外一种东西。它们并非从遥远异国运过来的像宝石一样贵重的食材，而是生活在这片土地上的前人们历经十几代人不断与之搏斗的大自然的产物。

一个国家的料理当中，浓缩了该国文化的精华。与其说是学习料理，倒不如说肇是把法国文化融入了自己的血肉。

"感觉像干巴巴的身体渐渐被水分渗透，不管喝多少水还是觉得止不住渴。"肇这样说。就像沙漠中的旅人好不容易走到绿洲贪婪地饮水一样，他从所经历的一切当中吸取养分。

肇基本上没有浪费过一点时间，据母亲和子说，他从来都没有优哉游哉地休息过，简直让父母担心。在老家的时候，从来没见过他躺在那里看电视，或者什么都不做虚耗时间的样子，他总是废寝忘食地投入在什么事情当中。更何况是多年来梦想的法餐厅。肇尽可能抓住一切机会，片刻不停地学习法餐以及它背后的文化，这一点毫无疑问。

但并不意味着肇就变得像法国人一样了。

法国的厨房氛围还有一个不同点，就是分工非常明确，尽可能地减少劳动时间。因此就会出现在日本难以想象的事情，即使客人还在用餐，完成自己工作的厨房员工就各自下班回家了，这种事常有。客人用完餐往厨房里看，一个人也没有的情况并不罕见。

只有这个习惯，肇没有养成。就算完成了自己的工作，他也总是会去帮帮谁的忙。厨房里最后结束工作的是糕点师，所以最后他基本上都是协助做甜品。明明是学习做点心的好时机，他对其他早已回家的同事感到难以置信。

就算没有任何需要帮手的地方，可以做的事情也有很多。酱汁的制作方法、肉的烧烤方式，即使学到了一种烹饪方法，对他来说还远远不够。或者说，那才是开始。接下来就要进行分析，按照他自己的方式来改良。

用今天学到的方法加热这块肉，为什么会烤成这样呢？为什么会变成这种味道呢？这就是最佳方式了吗？这种烤制方式能不能这样改良呢……经过重重考量、试做、失败，再接着试做。烤制主厨给的肉的边角料，测量温度，然后记录。像这样的操作他会不厌其烦地一遍遍重复。没有人的厨房，就是肇的实验室。

到了休息日，他会尽可能前往各种餐厅吃饭。

不仅仅是吃饭，对他来说，在餐厅吃饭也是思考和冥想的时间。细细品味眼前的那一道料理，观察、分析，然后展开思考。有时候是具体的主题，比如桌布会对餐厅给人的印象产生怎样的影响，把啤酒杯分成男性用和女性用会不会很有趣之类的想法，接着思绪又飞跃到对人类来说料理到底是什么，美味到底是什么这类抽象的、哲学层面上的思考。

晚上回到自己的房间，他会思考今天一天学到的东西，根据主题分类记在笔记里。跟学生时代不同，因为没有电脑，所以只能用手写文字和料理速写图来记录。

这些料理速写图超乎寻常地美丽。

现在我觉得,他的料理之所以那么美丽,正因为他会画画的缘故。用餐的时候没办法进行速写,他就在纸巾之类上画个大致草图,基本上还是凭记忆来描绘。考虑到做这些所耗的精力,就能明白他对料理怀有怎样的真诚态度了。

不用照相机这一点,也很像他的作风。

一方面也是对厨师的礼貌,另一方面,通过自己亲手描绘,再次重构料理的组成,会在脑海里留下更深刻的印象。

肇的工作状态凌驾于厨房其他员工之上,这样想想也理所当然。

之前写过,达到某种规模以上的餐厅,员工会按照负责肉料理、负责甜品这样的形式来分工,分成几个团队,每个团队有各自的 chef de partie,即部门主厨这样的领头人物。

贝尔纳·罗班有几位部门主厨,其中一位完美主义者的鱼料理负责人突然辞职时，罗班先生便指派肇去做鱼部门的主厨。肇在他那里刚工作了两个月时间，薪酬的话，作为研修生工作是约等于无的，从那时候起就有收入了。

"才第二个月，语言都不通。不安是肯定会有的，现在想想法国人真是厉害啊。竟然能派这样的我去做鱼部门主厨。因为在神户时期积累了经验，做好酱汁的自信还是有的。就算使用的材料有些许不同，但基本制作方法大同小异。怎样使之变得柔滑之类，制作美味酱汁的诀窍是一样的。当主厨说'试着做下这种酱汁'，做出来之后，总被他夸奖，'好极了！'因此我想，只能满怀自信地去做，一股脑投入进去。我有自信比厨房里任何人都认真对待工作。

"不过，也多亏了最初在大阪实习的餐厅。虽然总说在那里只学会了打扫卫生，实际上对工作的认真态度是也在那儿习得的。在那之前，我还觉得做什么都稍微努力下就好了，那位大阪主厨教会我的是，有些事情必须把自己性命扑上去那样认真地做。连自己都没注意到，这些东西已经潜移默化到身上了。即使对方是罗班，我也会朝他怒吼'做事太含糊了！'对他烤的大虾说，'这种东西也能用？'然后连同平底锅扔回去。'实习生把锅子扔回给主厨，这种事难以置信！'他虽然也火冒三丈，但并没有把我开除掉。"

就在那样一个晚上，米其林调查员来到了贝尔纳·罗班餐厅。

米其林进行的是秘密调查，所以调查员也不会自我介绍说是米其林的人。即便如此，那些已经拿了几年星星的餐厅，因为每年都会碰到他们的造访，调查员一来就会立即知道。是啊，在那些摘星的餐厅里，一个人慢悠悠用餐的客人并不多见，要说注意不到才怪呢。

那天晚上也是，负责接待的员工马上跑进来告知后厨，疑似米其林调查员的人来了，整晚厨房都充满了紧张气氛。主要还因为，那个姑且算秘密调查员的人说："今晚想吃鱼。"

在一家主打野味的餐厅，为什么要点鱼，令人捉摸不透。可能是已经考察过野味，想看看鱼如何，或者又是最近从谁那里听说贝尔纳·罗班的鱼很好吃的评价。不用说，鱼部门的主厨就是肇。

"主厨也好，副主厨也好，全都一副鸡飞狗跳的样子，说着'不要松懈''要仔细'之类，有意思的是没有一个人说'我来做吧'。'鱼料理的负责人是肇，不管对方是米其林也好还是什么，都该由肇来做。'是这样的吧。我觉得他们好吵啊，做了和平常一样的料理端出去。任何时候我都是拼尽全力，做自己能做到的最好的料理，不管客人是谁，我也做不出超过那水平之上的料理。不管怎样，摆盘的确是比平时要稍微仔细慎重一些啦。"

很快，服务生满面笑容地撤下盘子回来了。"说是客人表示'非常美味。'主厨脸上也露出了喜悦的表情说，'肇很厉害啊！'那真的是很美好的回忆。"

贝尔纳·罗班虽然是野味专门店，但鱼类的菜肴也很美味。

连和米其林指南并称的法国著名餐厅指南《戈与米约美食指南》（Gault et Millau）都这样写道，是在那之后不久。

俗话说，福祸是系在同一条绳子上的。

不幸和幸福就像捻绳那样，缠绕在一起难以分开。在幸福的顶峰隐藏着灾祸的种子，灾祸反转之后又带来巨大的幸福。不该为眼前的不幸和幸福而喜忧，就是这个意思。

不幸和幸福就像隧道的入口和出口，并非两个完全不同的存在。如果眼光稍微放远一点，把不幸和幸福作为一连的经验来看的话，与幸福一样，不幸也是人生不可或缺的一部分。

来到法国后，肇的人生一直顺风顺水，但突然被就置于猛烈的逆风当中，而那是从一次幸运的邂逅开始的。

那个休息日，肇和朋友两人来到30分钟车程左右的布卢瓦市中心。顺便提一下，法国乡下的交通状况大致上跟北海道乡下很像。总而言之道路修整得比较好，车辆很少而且没有红绿灯。所以大家都把车开得飞快。法国乡下所谓的"30分钟车程"，意味着以时速150或180公里飞驰30分钟，可以算是开车兜风了。

那是一次例行的餐厅巡礼，肇准备拜访布卢瓦市两间一星餐厅中的其中一家。然而，打算去的那家餐厅不巧关门，没办法了，只好跑去老城区的另一家一星餐厅。车没法开进老城区，只好步行入内，目标所在地的那家餐厅看不出是否在营业，门面小小的，其貌不扬，完全不像有人气。店门口的菜单上甚至布满了蜘蛛网，米其林真的给这样一家餐厅评上了星级？肇讶异地向里面窥看，能看到厨师工作的身影，看来好歹也是在营业的。唔，虽然没报什么期待，既然来了就进去看看吧。

这里的料理却让人备受冲击，首当其冲是食材的组合非常独特。将迄今为止做梦都没想过的食材相结合，变成了美味的料理。世界真大。竟然有人能做出这样的料理。

餐厅的名字叫 Au Rendez-vous des Pecheurs，也可以翻译成"渔夫们的聚集地"。如同店名，鱼料理是招牌，从前菜开始到主菜，基本上都使用海产品来做菜。

"比方说，像普通咖啡杯一样的容器，里面装着用蘑菇汤底做的挪威龙虾汤，配有西兰花做的冰淇淋之类。我心想，为什么会是西兰花味的冰淇淋呢？吃了之后果然很美味。类似这样的菜肴一道道端上来。为什么这种食材上面会放这种食材呢？卢瓦尔河里捕获的鳗鱼剥皮后，表面切花刀用盐和胡椒烤，和猪脚组合在一起，再配上西梅，中间夹了薄荷叶子。乍一看，会觉得'咦？'到底是怎么想出来的，完全让人搞不懂的料理。但是，非常美味。为何这种组合会带来如此美味的感觉呢？难不成是用了速食汤料的鲜味剂？不过，万一真的用了，我还是很喜欢这家店的料理，就是这种程度的喜欢。当然，实际上并没有用那种东西，从那时候起，我几乎每周都会去那里吃饭，竟然吃了11次。最后一次主厨竟跑出来对我说，'已经没有能给你吃的东西了，就来厨房吃工作餐吧。'"

那位名叫克里斯托夫·科姆的主厨，已经察觉到肇在研习料理的身份。

"你在哪里工作？"被这样问时，回答说在贝尔纳·罗班的时候，科姆用毫不在意的语气问："那么，你是在找下一个实习的地方吗？"

在法国，料理人短时间内辗转于多家餐厅实习，并非稀罕事。有过各种不同类型餐厅的工作经验，这才是锻炼啊。肇也是这么打算的。继贝尔纳·罗班，想在这样一家店工作。野味之后，是鱼。

肇立即脱口而出："能在这里实习么？"也许科姆先生等的就是这句话，脸上浮现出笑容。

他也需要人手吧。渔夫们的聚集地店很小，厨房里共有5名员工。在这个人员流动很快的行业，既有满腔热情手艺也不错的料理人，是宝贝。

不管怎样，隔着几十公里距离，这个男人却在3个月里不厌其烦地每周来吃饭，他的热情已经得到了证明。剩下的就是手艺了。

"试着开这条鱼。"

按主厨的要求，肇把砧板上的鱼剖成了三片。

虽说在神户的餐厅处理过很多鱼，但来法国之后，肇又进一步磨炼了技术。这是被叫做 Silure（六须鲇）的一种巨型鲶鱼，在罗班的店里经常被做成员工餐。大一点的约有2米长，这样体型的鱼也处理过好几次，可以说很有经验了。

简单来说，在日本，大家开鱼的时候，首先用刀从腹部切入，接下来是背部，然后把鱼翻过来，再从背部、腹部切入。但肇钻研出了无需将鱼翻过来，直接从背部一刀下去宰杀开鱼的方法。两米长的鱼光翻过来都需要几个人帮手，所以才不翻鱼身，这一技巧也适用于体型小的鱼类。

"被要求细心谨慎的时候，经验不足的料理人会尽可能慢慢地移动菜刀，这就大错特错了。杀鱼时，鱼翻面的次数越少、速度越快越好。这种工作方式才是细心谨慎，杀完的鱼横切面也很漂亮。花时间慢慢做并不一定就是工作仔细。没有击球手会在被要求认真击打的时候慢慢挥动球棒。同样的道理。"

就在一瞬间，鱼被漂亮地切成了三片。

主厨科姆先生目不转睛地看着肇的手法，然后说："能不能请你当鱼料理的部门主厨？"

这可是以鱼类菜肴为招牌的餐厅，突然被提拔成该部门的主厨，会有这么幸运的事吗？每周往返于这里所品尝的充满灵感的料理全都浮现在脑海里。居然能在做出那些料理的主厨下面工作。科姆表示要谈一些事务性的问题，然后说道："不过，你有正式的劳动许可证吗？"

肇摇了摇头。他能在贝尔纳·罗班餐厅实习，也是日本研修中介公司周旋后的结果。作为研修生的身份，入国时的签证也是研修签证。贝尔纳·罗班的实习期到12月23日结束。说明情况后，科姆先生表示可以帮他申请劳动许可，因为原则上这是雇主的责任。

肇也知道，劳动许可证并没有那么容易拿到。受移民问题和高失业率困扰的法国，可以说是当今世界上最难拿到劳动许可证的国家之一。

不过总而言之，不管多么难，困难不代表不可能。而且如果拿到劳动许可证的话，无论哪家餐厅，都可以挺起胸膛、堂堂正正地去工作。在科姆先生提到之前，他没有想过要取得正式劳动许可后再工作，但无疑这才是正确的道路。在正确的道路上堂堂正正地走，这才符合自己的性格。从小父亲就是这么教诲的。

贝尔纳·罗班的研修期结束了。此后，肇就不再是日本过来学习料理的研修生，他希望自己成为正经拿工资的料理职人，和法国人平等地工作。肇沉下心来，决定无论如何也要取得这个劳动许可。

眼前最大的问题是钱。在拿到劳动许可到渔夫的聚集地餐厅工作之前,没有任何收入。以前贝尔纳·罗班餐厅提供宿舍和一日三餐。除了周末外出吃饭,买一些料理相关的书籍,就没有其他支出了,所以还有些存款。但在劳动许可下来之前,只能动用存款维持生活了。连一欧元都不能浪费,于是肇搬到了布卢瓦市郊区。

那时候起,风向起了变化。本来是从后面吹来的习习微风,不觉间变成了迎面吹来的夹杂着雨点的强风。

在法语里,都市的郊区叫做 banlieue。

路两边种着美丽的树木,安静的住宅街区,浮现出这种想象可不行。并非没有这种类型的郊区,一般情况下,说起 banlieue 的时候,当代法国人脑海中浮现的是面向低收入群体的公共住宅,画满了涂鸦的水泥墙壁。

大多数居民来自法国的旧殖民地,像摩洛哥和阿尔及利亚等北非过来的阿拉伯居民,还有塞内加尔、几内亚等来自撒哈拉沙漠以南国家的非洲移民。治安相当差,像他们这样的移民，大多不得不生活在如此恶劣的环境中。

之前写过，卢瓦尔地区的河谷中分布着数百座美丽的中世纪古城堡，是世界遗产。省城布卢瓦市以一座位于高地之上，可以俯瞰卢瓦尔河的著名城堡布卢瓦城而闻名。然而在美丽的街区之外，在郊外绵延的却是这样的地区，这就是21世纪初法国的现状。

肇搬去的公寓就位于布卢瓦市郊区，公用电话基本上都被弄坏了，这是一片就算小汽车翻倒着火，或者哪里响起枪声，只要不在自己附近，谁都不会感到惊讶的地区。

但是，肇却并不感到恐怖。离开正道会馆后，他也没有懈怠练习，无论肉体上还是精神上，不管遇到怎样的对手都可以保持战斗状态。而且，这种感觉也能传达给对方吧。去巴黎的时候，他曾毫不在乎地踏入被警告绝对不要靠近的地区，但一次也没遇到过危险。

那是因为，连那一带令人生畏的团伙都对他甘拜下风。附近有当保镖为生的黑人集团，个个都有着迈克·泰森一样的体形。不知道什么契机，他们中有人知道了肇曾经练习空手道的事情，于是来跟肇搭话。

"你真的那么强吗?"

肇默不作声,右手正拳向坚硬的地面出击。用尽浑身力量,虽然只能听到沉闷的一声,但肇拥有怎样的力量,他们似乎也懂了。好像听到谁咽口水的声音。若不是有相当程度的修炼,不可能去击打这么硬的地面,普通人的话,手指都骨折了。

从那天开始,那些人看到肇就叫"sen-sei"(日语:老师),完全甘拜下风。如果在活动会场之类的地方碰到肇,便喊着"老师,这里这里",让他进场,也是很令人困扰。本来,就算不发生这些事情,肇也没有余力去注意当地的治安,光是忙着取得劳动许可就让人焦头烂额了。

"省政府说绝对不给劳动许可。还有人说,米田肇这个日本人如此执着于劳动许可,肯定有什么理由。他不会是日本派来的间谍吧。"

这样告知他的人是省评议员法比耶纳·尤妮,她是贝尔纳·罗班餐厅的常客,也是肇的强有力的后援。

克里斯托夫·科姆于2003年12月向省劳动雇用职业培训总局(DDTEFP)提交了肇的劳动许可申请,等待两个月后，申请却被驳回了。理由是这片地区还有 70 名厨师正在失业中。即使这样科姆也没有放弃，他又向劳动标准监督局（DDTE）这个国家机关提出了申请。

劳动许可的申请，写出来好像很简单，实际上申请的手续非常繁复。必须提交多种文件，劳动合同，还有保证雇用的誓约书、住宅调查书、录取理由陈述书、缴纳金的支付誓约书等。顺便解释一下，所谓缴纳金，是雇用外国人的雇主需要向自治团体缴纳的费用。通俗来讲，就是如果雇用外国人，就要多付工资以外的钱。再接下来，雇主还要向职业介绍所递交招聘申请，然后得证明这个职位没有合适的法国应聘者。

如果雇主一方没有那么强烈想要雇用某人的动机，就根本无从谈起，而对外国人来说，要通过如此繁复的手续拿到许可，可谓障碍重重。科姆先生却认认真真地做到了这一步。

然而到了 2004 年 3 月，申请还是被驳回了。

法律上需要的文件全都准备完全，为何还是会被驳回呢？对肇来说，无论如何都不能接受这个结果。实在不知道如何是好，只好给日本大使馆打了电话。

"这是法国内部的问题，作为日本大使馆也没有可协助的地方。"得到的答复跟预想中一样，接着，大概只是个人意见吧，接电话的负责人继续说道："像你这种情况，我至今都没听说有人可以拿到法国的劳动许可证。"

总之，就是说放弃吧。

但肇不是会在这种事情上轻易放弃的人。

他向在法国结识的友人、熟人、有一面之缘的人，用个不好的说法，反正抓到什么算什么，都说起这件事。法比耶纳就是那时候认识的人。

对那时候的肇来说，除了去渔夫们的聚集地餐厅露个脸，问问劳动许可证是否批下来，没有其他事可做。离开前在店后面帮忙削削土豆皮，洗洗盘子，跟大家一起吃员工餐，但也不是每天都如此。他决定一天的餐费要控制在200日元以内。一条几十日元的面包，以及豆罐头，里面有两片薄到接近透明的猪肉，这些要分成几天来吃，以节省餐费。为了节约房租，他搬到整栋公寓里面积最小、最破的一间。用日本的方式来计算的话，房间只有四叠半大小[1]，床和家具什么都没有，空空如也。不过在水泥地上直接睡觉的确太痛苦，只好铺上床垫睡。没有任何事情可做的日子，只好一直待在这间什么也没有的屋子里。感觉精神都要失常了。

没有什么事可做的话，学习法语也好，这样写信过来的是志水阳子。她曾来法国玩过一次，两人也一直互相通信，所以得知了肇的状况。按照肇的性格，什么都不做就这么虚耗人生，才是最痛苦的事情，这一点阳子充分了解。肇感到自己被这句话拯救了，他一找，发现当地集会有面向移民人群的免费法语课堂。肇虽然不是移民，所处的状况却是一样的。他准备去问问看能否进去学习，结果却发现法语课堂的负责人就是那位省评议员法比耶纳。

说明缘由之后，法比耶纳表示非常理解，于是也接受了他来法语课堂上课的请求。不仅如此，有关劳动许可证一直被驳回的事，她也亲自过问。要把劳动许可证颁发

---

[1] 日本的1叠约为1.6平方，也就是不到8个平方。

给外国人的情况，通常要雇主去当地的报纸和杂志上刊登招聘启事，如果没有法国人应聘，那么录用外国人也是可以的。克里斯托弗·科姆遵循这条规定去刊登了招聘广告，然后等了两个月。克里斯莫先生所需要的那种标准的厨师，没有一个人来应聘。即便如此，政府机关也没有批准劳动许可。肇说完整件事的时候，法比耶纳已经怒不可遏了。

"那真的是太奇怪了！"

从那天起，法比耶纳就成了肇的热心后援者。她运用省评议员的人脉，说服省长，拿到了他的推荐书，还为肇引荐政治家和司法相关人士，用尽手段，有助于拿到劳动许可证的一切都做了。然而，事态却并没有好转。法国是个人主义非常强烈的国家，就算省长去打招呼，事情也不一定会往好的方向发展。或者说，可能正因为打了招呼，负责的官员反而变得固执了。

"选举之后省长已经换人了，这份推荐书无效。"

"负责人去休假了，两周以后再过来。"

然而过了 4 个月、甚至 5 个月，劳动标准监督局

（DDTE）的回应还是一样。

这期间，靠着科姆先生和法比耶纳的帮助，肇又重复申请了7次劳动许可证。

并不是说只要申请多次，取得许可的可能性就会变高。倒不如说正相反。官员也有自尊心。站在官员的立场，要他推翻之前的决定，等于说是承认自己做错了。再加上肇怎么也不肯放弃，让人觉得里面有内情。搞不好肇是日本派来的情报人员吧，就连这种荒唐的谣言都传出来了。

然而肇没法从容。即使一天就花200日元，积蓄也在慢慢减少。经过延长的居留期限也一天天迫近了。搬到布卢瓦市郊区后过了半年，也就是2004年6月，肇的积蓄几乎为零。签证马上要到期，那之前拿不到劳动许可证的话，也不能延长签证了。

现在肇是非法滞留者。被发现的话要强制遣送回日本，短期内无法再入境法国。如果回国的话，至今为止坚持不懈地申请劳动许可，所做的努力就白费了。话虽这么说，就算在这里等待，也没人保证一定能拿到劳动许可。

不对，倒不如说这种可能性极其低，肇也深知这一点。就连一开始热心支持肇的法比耶纳的态度也随时间而改变了。

"不管怎么样都无法取得劳动许可证。差不多可以放弃了，找找别的出路吧。"

就算被唯一可倚仗的科姆先生这么劝说，肇也没有放弃。那个时候，他收到父亲寄到法国的信件。

Bonjour, ça va？ Monsieur Hajime（你好吗？肇先生）

那之后还好吗？等待这件事需要耐心。

已经等了6个月的劳动许可证吧，真的很有耐心啊！

等人来、等儿子归来、等回复，等待人的成长，从冬天等春天，等待这件事，总是饱含期待。等待是有期限的。

为了不让等待的事情离开视线，神经会变得敏感，一直期待着、期待着。我认为这是很棒的体验。

有一句谚语叫"尽人事知天命"，也是我很喜欢的一句话。在等待之中，总是有着梦想，还有生命力。如果用尽一切办法还是不行的话，那就重新来过。

等待的时候，作为副产品，看起来你还发掘了自己的绘画才能，愉快地度过了每一天。其实很多事情都能成为料理之精髓，无论什么都请拼命努力去做。

本来预计7月要来法国，现在暂且搁置，看时间安排再重新计划。

愿你早日取得劳动许可证。

2004年6月8日

肇把信折叠起来，像护身符一样放到钱包里随身携带。无数次打开重读又放回去，折痕几乎都断了，变得残破不堪。毫无疑问，肇是通过这种做法，去触碰远在日本的父亲的灵魂。在儿子肇看来，父亲是值得尊敬的人。

"一直想要成为父亲这样的大人。因为他是正义感很强的人,总说'打架的话绝对不要和比自己弱的人''所谓男子汉就要勇于挑战权威'之类的话。假使对方是公司的社长,只要父亲认为自己是正确的,就算掀翻桌子也要跟对方理论。"

肇得知父亲的身体变坏,是在6月的某一天,检查结果是直肠里发现了肿瘤。肿瘤是恶性的,必须进行手术。他的大脑一片空白。

如今是据说半数日本人都会罹患癌症的年代。在医疗技术先进的当下,癌不算是绝对的不治之症。初期就发现的话,基本上都能够根治,就算那样不行,随着逐渐开发的新型抗癌药和治疗技术,克服癌症的病人数量也在年年上升。过去,关于医生是否该告知患者本人得了癌症这件事,有过很大的争论,现在几乎不存在问题。医生一般会直截了当告知患者癌症这一病名。癌症已经不再是无计可施的病。肇对于癌症的认知仅限于此。

然而,当听到它变成切身的实际问题,侵袭到父亲身体里时,就完全是另一回事了。父亲有可能会死。这样想的时候，内心某处就像麻痹了一样，眼前的景色也和接到电话之前完全不同了。

他还记得初次意识到死亡时的情形。肇是小学三年级的学生，住在枚方市的冰室台住宅区。正如冰室台这个名字，家在高处，从学校回来的路上有一段很长的上坡。

小学三年级的肇那天一边爬着坡，一边想："原来是这样，已经回不到刚才的自己了。"

仅仅几分钟之前，自己还在斜坡的下面往上爬，但绝对回不到那个时候的自己了。突然就意识到这件事。

当然，可以回到那个场所，但是即使回去，也已经不是当时的自己了。那时摆手的姿势、步伐，还有爬坡的自己，都不同了。到刚才为止都没有思考过这种事，刚才的自己和现在的自己是不同的。即使现在回到刚刚所在的坡底，那个自己和刚才的自己也是不同的东西。

这是理所当然的，但是在那之前，他从来都没有以这样的方式去看待世界。

就在爬坡途中，肇有生以来初次认识到时间的不可逆转性。

于是他被那份恐慌给打垮了。随着时间流逝,再也不可能回到过去。

过去的时间,不管是怎样流逝的,就算几万年、几十万年的时间流逝,永远都不可能第二次回到过去,想到这里就无比害怕。

那就是人死亡的真正含意。一旦发生就无法挽回,死亡是永恒的。

从那时起,肇就反复被死亡的恐怖感侵袭。就算平时忘记了,忽然一下子想起来,内心深处就会颤栗。Memento mori[1]。记住你终有一死。小学三年级的那个时候,肇知道了死亡真正的含意。

只不过,那说到底是唯心的,即脑海中想象的"死"。

在正道会馆,有一位肇从心底里仰慕的前辈叫植田。

有一个星期六,练习结束后,肇比平时更仔细地给这

---

[1] 拉丁语。

位前辈的背上做按摩。第二天也就是周日，前辈有一场比赛要打。

"明天要加油哦！"

这样说着和前辈告别。然而下周一去练习场的时候，所有的师傅和前辈都穿着黑西装。

"发生什么了？"

还以为是有升级考试，不经意地问道，这才被告知前一天比赛中，前辈因为脑挫伤去世了。一开始还以为什么地方搞错了，无法接受那个人已经不存在于世上的现实。

即使这样，随着时间流逝，内心也渐渐平静下来，把那个突如其来的变故当作事实接受了，接着开始对一切感到厌倦。

首先他对空手道失去了兴趣，甚至不愿提起空手道相关的话题。

如此热爱的空手道，曾废寝忘食练习的空手道，现在没有兴趣了，完全不知道该做什么好。书也不想看。就好像内心的一部分和那个人一同死去了。

现实中人的死亡，远远比想象的要沉重。

而这一次是父亲。

人终有一死，这种事谁都知道。所以说，应该也知道那一天总会来临。

至于现实中那天的来临，不知为何连想都没想过。实际到了那个时候，根本无法思考。

究竟是父亲的信件先送到，还是先收到他生病的通知，现在对肇来说有点模糊不清，至少父亲在写信的时候已经知道自己生病的事了。他是从医生那里得知自己生病了，所以才推迟了去儿子生活的法国旅行的计划。

不管怎样，信里完全没有提到这件事，父亲只顾着关心儿子。肇很想立刻飞回日本，回到父亲的身边。

如果不是这样的时候，他一定会直接回去。然而坏就坏在肇的签证已经过期，现在是非法滞留者。如果就这样出国的话，作为非法滞留的惩罚，一段时期内无法再入境法国。考虑到自己的年龄，那等于是要放弃在法国学料理的想法了。

没想过自己还有法餐以外的出路，如果在法国的实习半途而废，不如就断了成为料理人的念头吧。

要儿子为了自己的病而放弃梦想，对父亲来说，这会比什么都要受伤吧。

但是不管等多久，劳动许可证也不可能出来吧？大使馆的官员也说不可能了。就这样回国的话，此前的人生全都白费了，或许他仅仅是怀着这种想法，就算有一线希望也要拼命抓住。想到父亲，被一股不知哪里来的冲动所驱使，他几乎大声叫出来。实际上，他也曾在街上大叫。

即使想做点什么，也没有去做的钱。路边有翻倒的汽车。肇痛切地理解了这样做的人的心情。害怕自己也会做出什么事情来。在杀气腾腾的城郊，这类诱惑数不胜数。

已经超越了内心可承受的界限。不管多么细微的事情，只要再有一件不好的事情发生，无疑他就会自暴自弃。已经被逼到这种绝境了。

阳子从日本打来电话的时候，正是在那样最糟糕的日子里。

"还好吗？"

对她来说只是无心的一句问候。阳子知道肇所陷的困境，也担心他的精神状态，时不时打电话来关心他一下，已经成了习惯。

但肇却被阳子的一句话拯救了。

据他说，由于这一通电话，他决定向目前为止虽然很亲密但仅仅是朋友的阳子求婚。所以他真的是被拯救了。

如果在过去的话，还不是太大的问题。

从上世纪70年代起到现在，统计下在法国实习的日本人数量，恐怕要超过以万计数的单位。现在也是，稍微有名点的法国餐厅后厨，总有一两个日本人在里面（除肇以外，贝尔纳·罗班还有两个日本实习生）。那个时代还有这样的传言，巴黎的米其林三星餐厅如果没有日本人，根本没法运作。

那些日本人并不都有正式的劳动许可。实际上，持有劳动许可证的人少之又少。大多是作为没收入的实习生，或是拿着旅游签证入境后直接工作，也就是非法就业。

和过去一样，违法者要被遣返回国，但此时的法律更严了，雇用非法劳动者的雇主还要被处以5年以下的监禁和 1 万 5000 欧元以下的罚款。

10 年前的话，雇主还不会被惩罚，本来就不会那么严格地取缔非法就业。工作期间被主厨或老板看中，然后再申请劳动许可，这种情况很多。

然而，现在法国却是世界上最难拿到劳动许可的国家之一。

像肇这样的外国人，是否能取得劳动许可证，取决于是否能证明没有法国人能够替代他。

如果他是有经验的寿司职人，要拿劳动许可就没那么困难。因为法国几乎没有手艺高超的寿司职人。

但肇却偏偏是法餐的厨师，虽然手艺很好，客观上来说仍旧只是实习生。在移民局的官员看来，替代者要多少有多少。

当然，他并不是要和法国人去竞争工作岗位。只不过想作为独当一面的料理人，深入钻研法餐的奥秘。对法国劳动标准监督局（DDTE）来说，一定也并非想限制这种热情。

也就是说，这是基于某种误解之上的毫无意义的争执。不管是误解也好，无望也好，总之不能翻越这道墙，就没有未来。

至少那时候肇是这样想的，认为翻越这道墙壁并非易事。

该怎么办呢，如果相信日本大使馆的话，像他这种情况的日本人，至今没有一人能够翻越这道墙。每年流入法国社会数量庞大的移民，正是竖立在肇面前的巨大墙壁。

然而有意思之处在于，向站在墙壁前穷途末路的肇伸出援手的，正是以那栋墙壁为生的人。

2004年暑假，志水阳子来到布卢瓦市郊区拜访肇。虽说阳子根据电话里听到的内容想象了城郊的样子，但那是在日本安稳生活的她所无法想象的世界。

"如果不是跟他一起，我都不敢去街上走。"现在的阳子回想当年道。只在电影里看到过的相貌恐怖的男男女女，正是这片街区的主要居住者。人行道上聚集着留爆炸头和莫西干头的黑人，身穿阿拉伯民族服装的大个子男人成群结队地横穿过马路。有脸和手上都有恐怖刺青的男人，也有脸上打着鼻钉唇钉的女人。即便听说这里所有人都是罪犯、全都持枪和用刀武装自己，阳子都不会感到惊讶。事实上，虽然踏入了这片区域，但仍旧无法相信这样的世界真实存在。完全和日本有天壤之别。

她到访的时候，肇已经搬离了一直以来住的公寓，借住在一户叫艾哈迈德的阿拉伯移民家里。抵达那天相当晚了，艾哈迈德和10岁的漂亮女儿，还有其他几位朋友都在等待肇和阳子，还叫了外卖比萨开欢迎会。东亚人只有肇他们两位，其他都是阿拉伯人。这种情态之下大家一起吃比萨，本身就是有点奇妙的事，不知为何阳子却觉得很自然。会这样感觉，肯定是因为肇。

肇不可思议地融入了这片街区。他和城郊的居民们相处得很自然，虽然对阳子来说城郊令人恐惧，住在那儿的肇倒是生气勃勃。至少在阳子看来，肇并没有因为拿不到劳动许可证而焦虑。

不过说到底，主要还是因为肇的父亲的病情没有最初担心的那么坏，预期比较乐观。手术后的父亲恢复了精神，甚至比以前更投入工作。

那时候的肇还被看作是一位艺术家。

经由法比耶纳的介绍，他开始去画家安妮·博纳尔的绘画教室，他的绘画才能也突显出来。

肇的绘画才能相当厉害，只不过画了两三幅油画，就引起了很大骚动。

"你在日本学过油画吧？"

看了肇画的画，安妮好几次问道。

"没有，第一次画。"

虽然几次三番这么回答，安妮都是一副难以置信的表情。她的震惊也是能理解的。

我见过他那时候画的画，长2米宽1米的巨大画布上是印象派风格的，临摹了雷诺阿的画。据说是受到安妮的拜托，为布卢瓦市的节庆活动画的。成品简直能以假乱真。而且说这是作为油画初学者的画作，安妮会感到震惊也不出奇。后来肇还受到当地红酒商的委托，画了红酒的商标图。

能搬到艾哈迈德家也是托了画画的福。见到肇的画作并心生感动，艾哈迈德请他为自己的女儿画一幅画。反正也没有别的可以做，肇便拼命画画。完成的画作让艾哈迈德大为愉悦，作为回报，艾哈迈德邀请他住到自己家里。

艾哈迈德喜欢肇的画是千真万确，为他提供住处的理由，或许却不仅于此，他知道肇现在的困境。

城郊地区就像个热锅。

安全干净、整齐划一的现代社会中变得稀薄的、人们努力生活的能量，充斥于那里。换一种视角，燃烧的汽车正是那种能量的表现。

当然，说起城郊，既然是人们生活的土地，也并非所有人都用暴力方式来表达自我。被压抑的能量，也会通过绘画、音乐或者运动等相对平和的方式释放出来，结果就是不少法国新文化的领头人物都来自城郊。

年轻的音乐家和运动选手当中，出身于城郊的为数不少。

例如前足球运动员齐达内就来自马赛市的城郊，一时在法国被传为佳话。他是法国的国民英雄，作为阿尔及利亚的二代移民，齐达内也是法国在向多民族国家转化的一种象征。支撑肇的，也正是这些和城郊相关、在此生活的人们。其中既有法比耶纳和安妮这样纯粹的法国人，也有艾哈迈德和其它宛如保镖团体的外国移民。

肇作为一个外国人，混入存在很多现代问题的现今的法国，和法餐进行殊死搏斗。声援他的是移民和支持移民的人，我认为，这件事本身就具有象征意义。改变世界的，是人的热忱。艾哈迈德也好，法比耶纳和安妮也好，他们受到肇的热忱影响而行动起来。然后这份热忱，不知不觉中，让本来不可能转动的东西动了起来。契机就是受安妮之托画的雷诺阿临摹。

"我其实并不想画画。"肇这么说。

签证期限和存款一天天减少，根本就没有画画的心情。自己又不是为了画画才来法国的。不过，实际上握起画笔面向画布的时候，至少可以暂时忘却这些日子来受的委屈。等回过神来，已经在全神贯注地画画了。

小时候，曾有美术老师热心地劝肇去上美术学校，无疑是因为他有美术才能。除了学校的美术课，他并没有特别去学过画画。但是，虽然没有任何人教他，却能够将自己看到的东西画出来。正因为如此，他对自己的绘画才能毫不关心。

画了好几幅之后，安妮拜托他给市里的节庆活动画画，主要是活动中新开咖啡馆的装饰画。他接受了这份工作，最后的成品是若干幅巨大油画布上的雷诺阿临摹。

在雷诺阿遗留下来的几幅明媚的画作中，他描绘了面向河流的露台上的开放式小酒馆，人们在其中喝酒跳舞的欢乐情景。布卢瓦作为卢瓦尔河沿岸的城市，用这些画来装饰庆典的咖啡馆再合适不过。定下用它来装饰的计划之后，这份工作就来到肇那里。

事情发生在当布卢瓦市市长经过咖啡馆的时候。那里挂了好几幅肇画的临摹图。

市长被几位当地电视台的工作人员包围着，为了制作新闻，他们在拍摄市长巡视节庆典礼的样子。周围暮色初垂，被强灯照射着的市长，在围观者的视线中慢慢走近，肇和安妮他们也在咖啡馆前凑热闹。

那个瞬间之前，肇什么都没有考虑过，只是茫然远望着市长。然而当市长在自己面前走过时,他突然飞奔到摄像机前,握着市长的手,拼了命去搭话。

"我是从日本来的料理人。想在这里工作,但无论如何也拿不到劳动许可证,能不能请您帮助我?"

如果知道市长会来这里进拍摄,提前准备好台词的话,可能就没法说得那么流畅了。想着自己能不能说好,也许反而会因为紧张而迈不动脚步。

面对正在被电视台员工采访的市长,唐突地上前搭话,这种事情不可能成的。他一定会做此结论,然后不去做。全都是灵机一动,下一个瞬间,他就已经朝市长走去了,根本没有踌躇和紧张的时间,所以才做到了。

市长的反应出乎意料。他紧握着肇的手,笑眯眯地说:"啊,你就是肇啊。我从周围人那里已经听说了很多有关你的事。"

为了取得劳动许可证孤军奋战几个月,这位日本人的故事居然在市政府里都传开了。市长带领摄像团队,进入咖啡馆看肇的画。

"太了不起了,这些画全是你画的?"市长盯着肇的画看，喃喃道，"明天整理好资料，送到我这里来。我帮你想想要怎么取得劳动许可证。"

翌日，在市长办公室里听他讲述情况的不是市长本人，而是他的参谋。不过，那个人仔细地读了肇带去的资料，认真地听了他的话。并在肇离开时保证："没关系，会有劳动许可的。不是料理人，而用艺术家的身份试试看？市里会跟你签下艺术家的合约。你留在法国是为了画画，因为赚生活费才去餐厅工作。这样一来，移民局应该会颁发劳动许可。这样可以的话，我就去帮你交涉。"

肇当然没有异议。拿到劳动许可，可以正式在渔夫们的聚集地餐厅工作的话，没有任何怨言。

"那就拜托了。"这样说着鞠了一躬。

"那个人说没问题的话，肯定没问题。"

在回去路上，陪同他一起的法比耶纳这样说。因为市长的好帮手看起来是位能干且有实力的人物。

然而第二天肇却接到了一通电话，那一位用很遗憾的声音说："移民局的负责人说，不管如何，就是不会给你颁发劳动许可证。"

市长的参谋说，移民局实在是太顽固。还说，太频繁申请劳动许可，造成了反面效果。只不过为了在一家餐厅工作，为何这个日本人要那么拼命呢？难道不是因为有别的目的么？之所以会产生肇是间谍这种滑稽疑问，也是因为他的执着。

都已经误解到这种程度，不管做什么都没办法了。

然而，电话那头的人却没有放弃。

"别灰心，我会再想想别的办法。不管怎样肯定可以的。"

尽管没有觉得对方在信口开河，不过考虑到迄今为止的状况，也很难再轻易相信了。

过了大概一周时间，移民局给肇所在的法语教室打去电话。

接电话的是法比耶纳。听着对方的话，她的脸因为兴奋变得通红。放下电话的那一瞬间，她的眼睛里都是泪花。

"肇，我们胜利了！拿到劳动许可了！"

在前去领取劳动许可的区政府，肇听移民局官员发了30分钟的牢骚。他们非常生气。用官员们的话简单来说："居然拜托很有影响力的大人物，你太卑鄙了。"

所谓大人物，并不是在说布卢瓦市长。

就连市长参谋去协商的时候，官员也明确表示："不管怎样，不会给那个叫米田的日本人颁发劳动许可。"连市长的话也置之不理，那应该是下最后通牒了。不过，还是市长那边的智谋略高一等。

他有一张最后的王牌。

这在法国很常见，市长经常会兼任国会议员，布卢瓦的市长也是国会议员，而且和总统有着老交情。市长的参谋之所以如此信誓旦旦，恐怕是因为有那张最后的王牌吧。市长把肇的资料递交给总统，请他为肇谋取方便。

给移民局官员施加压力，迫使他们颁发肇的劳动许可的那个人，就是当时的法国总统——雅克·希拉克。

法国是盛行个人主义的国家，每位官员都享有很大的仲裁权。因此反对上面施加的压力，也成为很强的风潮。所以肇才会听了那么久的牢骚，毕竟法国总统本人的要求

第五章 | 米田肇是日本的间谍

具有决定性影响。驱使法国官僚机构这个巨大装置运转的按钮，该如何按下，市长一清二楚。当然，也不是那么容易就可以去按的按钮。这种暗箱操作不能经常使用。应该是市长的内心被肇打动了吧。只是在官员们看来是丢人现眼，因为不得不轻易就推翻自己的决定。

"就是不能给你颁发劳动许可，这种话我听得太多了。最后的最后，终于发出了文件，说是在这里签名就算拿到正式劳动许可证了。就在签名的时候，还有人一脸不爽地嘀咕着'这是例外中的例外'。我虽然不说话听着，但也觉得很烦。既然都已经决定颁发劳动许可了，爽快地给不就好了。不过，这里也有法国人有趣的一面，或者说是一种洒脱吧，签好名准备回去的时候，她叫住我，'稍等一下'。顺便说，那位官员是女性。"

不会吧，还要对我发什么牢骚吗？肇提高警惕，回过头。只见她缓和了刚才僵硬的表情，脸上浮现出恶作剧般的笑容。

"明年来拿劳动许可证的时候，一定要到我这里来哦。我一定会给你更新的。欢迎来到法国。"

第六章

如果觉得已经很完美,其实并非完美

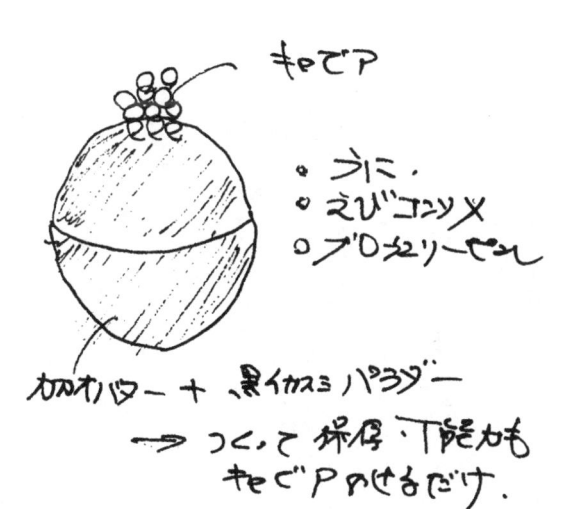

これで完璧だと思ったら、それはもう完璧ではない

"一般小孩子都会说想当宇航员啊、火车头托马斯啊之类的。我小时候却憧憬那些活跃在海外的日本厨师。最初只是单纯地觉得他们很帅气。穿着洁白的厨师服，在明亮整洁的厨房里，于纯白的盘子上进行美丽的摆盘。我非常憧憬这样的场景。随着慢慢成长，那种憧憬转变成了对法餐的好奇心，尽管都没吃过，却梦想着成为法餐的主厨，于是就去了法国。我想知道日本餐厅里做的法餐究竟正不正宗。仅仅好吃还不行，是否跟在法国做的法餐一样？是不是正宗的法餐？对那时的我来说，这是个大问题。然而奇妙之处在于，当我在法国生活之后，却完全忘记了这回事。现在想起来，大概是我在日本工作过的法餐厅，最初极其严格的那家也好，第二家也好，都在做无懈可击的法国菜。某种程度上来说，他们比法国人做的法国菜还要一丝不苟。法国人啊，意外地很随性。站在法国的厨房里时，好几次一肚子火，你们这些人真是太随意了。起火做鱼的最要紧关头，却兴致勃勃地聊起了足球，完全忘了查看火候，这类事情很多。真的是让人非常焦虑。一开始感觉很意外，也许因为我对于真正的法餐厅充满期待，所以感触才更深。当然，不同餐厅也有差别。只要一把勺子掉到地上，整个厨房就紧张起来，这种店也是有的。一般而论，日本人工作的方式会更严谨和规矩。至少烹饪的技术和菜品的质量，日本的法国菜不会输。但说起构思新菜式的丰富性、天马行空的自由想法，果然还是法国人更胜一筹。我想，对日本人来说，这些想法是无法效仿的。

"不过仔细一想也是自然，因为对他们来说，并非刻意在做法国菜，而是一种不带'法国'这一冠词的普通的菜肴。只是我们把他们做的东西叫做法国菜而已。他们可以自由使用这个地球上的所有食材，最近在法国，使用昆布高汤、味噌等日料食材的主厨也多了起来。要是日本的法餐厨师那样做的话，肯定会被批判'那种东西不是法餐'。因为日本人是在学习法餐。法国人是这样做的、用这种食材之类。说起来，是在学习法餐的规则，然后成为法餐的主厨。因此不管如何都难有新的想法。实际上，这根本不是法餐的规则，只不过是自己进入的那间厨房的主厨定下的规则。法餐并没有非这样做不行之类的严格规定。我去到法国后最大的收获，就是明白了这一点。明白之后，就不会再拘泥于自己是否在做正宗法餐这件事了。"

克里斯托夫·科姆也和贝尔纳·罗班一样，会将自己做菜的技巧事无巨细都教给实习生，没有任何秘密可言。令肇印象深刻的是科姆认真教他做菜时说的话："我虽然可以教你任何东西，但有一点希望你记住。如果今后你拥有自己的餐厅，绝对不能和我做一样的菜。你必须要做属于你自己的料理。"

就好比说，假使梵高有徒弟的话，也不会和他画一样的向日葵吧。因为和师傅画一样的画也是没有意义的。谁都不会买这样的画，至少，如果只是临摹师傅的向日葵，他不会被任何人当作艺术家而认可。在法国，料理的世界也是一样。因此在法国才会不断有新的料理诞生，那才是法餐的生命源泉。

肇之所以想要成为法餐的主厨，并不是单纯地认为穿白色厨师服的样子很帅气。毫无疑问，童年时的他，就敏锐地感受到了活跃在纽约的那位主厨内在的充实。

那位主厨并非用语言，而是用料理的才能来表现自我。仅仅靠语言，无法成为表达自我的工具。肇所憧憬的正是那样一个世界吧。

因此，肇从来没想过简单复制在法国学到的料理。对他来说，料理首先是表达自我的手段，如果单纯模仿的话，就没法表现自我了。

不过，回想起来，科姆说的话里还有更深层的道理。没想到，"不能模仿"这一规则有其深奥之处。这也是肇直到后来才明白的。

让我们暂且先往下说。

虽然移民局的官员表示，"明年再申请劳动许可的时候，一定要来我这里。"但是肇却没有再次更新自己的劳动许可证明。第二年，也就是2005年的秋天，肇已经在米歇尔·布拉斯日本洞爷餐厅（Michel Bras TOYA Japon）的厨房里，那是一家位于山顶、能够俯瞰北海道洞爷湖景色的空中餐厅。

法国中南部欧布拉克高原拉吉约勒镇上的米歇尔·布

拉斯餐厅,被不少老饕认作世界上最棒的餐厅。地处距离里昂5个多小时车程、远离人烟的高原上,该餐厅一年只开7个月,也是世界上最难预约的餐厅之一。

1999年获得米其林三星后,一直维持到现在,对这家餐厅而言,谈论它是否获得米其林星级根本没有意义。就跟梵高或莫奈有没有得过绘画大奖的问题一样。

米歇尔·布拉斯生于拉吉约勒镇上一个经营民宿的家庭,也就是说,在获得米其林三星的主厨中,他是另类的存在。他学习料理的师傅是民宿主厨,即他的母亲,只此一人,没有在其他餐厅实习过,更没有名厨传授他烹饪知识。

也就是说,在从法国大革命时期起连绵不绝的法国餐厅进化谱系上,他画下了旁逸斜出的一笔。如果撇开母亲做的乡土料理的启蒙,他的老师是欧布拉克大自然中的万物。漂浮在高原上空的云、吹过的风、随风摆动的数百种花草植物,都会给予他灵感,仅仅靠自学,他就创建了米歇尔·布拉斯餐厅的料理风格。

比如说他的特别菜单中,有一道叫Gargouillou(蔬菜拼盘），用高原上收获的几十种时令蔬菜，加上野草、香草和花朵做成。虽然现在是法餐界无人不知的菜式，当时却受到了各方的批判。说是把给牛吃的牧草装好盘，向客人收取高昂的价格，简直不可想象。

然而米歇尔·布拉斯充耳不闻这些批评声。他继续描绘着自己想描绘的图景，持续创作能让自己内心感到愉悦的料理。

如果说料理是艺术的一种，那么他的料理就担得起艺术之名。

就是这位米歇尔·布拉斯，他将世界上唯一的分店开在日本，那便是米歇尔·布拉斯洞爷湖餐厅。主厨就不用说了，员工也大多在拉吉约勒总店跟随主厨布拉斯有多年实习经历。而且，每年11月，米歇尔·布拉斯本人还会亲自来到日本展示手艺。那是在拉吉约勒以外，能享用到他的料理的唯一途径。

肇能去米歇尔·布拉斯洞爷湖餐厅工作，倒是因为某种程度上的冒失。

起因是法国发行的面向日本人的报纸。

在渔夫们的聚集地餐厅工作快一年的时候,肇面临一个选择。接下来的一年要怎么办?

劳动许可每一年都要更新,省政府的官员也许诺会更新他的许可,只是雇主必须递交更新申请的文件,然后缴纳费用。

科姆表示,如果肇愿意成为餐厅的副主厨,他会很高兴帮忙申请明年的劳动许可,并缴纳费用。也就是说,科姆想把他作为自己的左右手,不仅鱼类料理,甚至把所有料理的监督工作都交给肇来做。对餐厅来说,肇已经是不可或缺的一名厨师。

肇对于科姆先生的提议感到很开心,他也很喜欢布卢瓦的生活。前年刚拿到劳动许可的时候,他曾回过一次国,得到阳子父母的许可后,他们于正月在日本举行了婚礼,4月,阳子也来到法国。被法国结识的诸多亲朋好友所围绕的新婚生活,对两人来说是一生的美好记忆。

"和肇一起走在街上的时候,有很多人会过来搭话。"阳子以非常怀念的口吻聊起当年。

"上街时总是听到'Hajime、Hajime'（肇、肇）的打招呼声，不管是车站等车也好，在咖啡店喝咖啡也好，常常有人亲切地同我们搭话。既有艾哈迈德和保镖他们这些移民，也有省政府和市政府的官员。画家，社区学校的学生，还有餐厅的熟客……总而言之，他居然能认识那么多人，真是吓到我了。布卢瓦是个很小的城市，当然一方面有可能因为他是外国人，不过比起生活了30年的日本，倒是在仅仅生活几年的法国结交了更多朋友。能够想象，他在法国到底过着多么充实的生活。"

为取得劳动许可的那半年时间，肇和许多法国人产生联系、成为了朋友。

"在日本，他是比在法国更沉默寡言的一个人。只有熟人之间话才比较多。但在主厨和客人面前的他一直很低调，绝对不会侃侃而谈。我一直觉得他不是很擅长和人交流的类型，而在法国，无论跟谁，他都能堂堂正正地聊天。虽然他的法语不像日语那么流畅，倒不如说，他用法语能更好地表达自我。他毫无畏惧地向对方传递自己的想法，不管和谁都拼命地谈话。最开始，这样的肇让我感到很耀眼，也很新鲜。他竟然还有那样一面啊。后来才慢慢明白，那正是肇本来的样子。在日本的时候，可以说是披着一层外壳，而到了法国，却把这层外壳彻底地剥去，回复到自己的本来面目。这可能是很多在海外生活过的人都有的体验……"

法国生活时期，阳子印象中最深刻的便是肇结束一天工作，回到房间时的身影。

"回房间后他有一件必做的事，不论多晚、多么疲倦，也一定会趴在桌子上，摊开笔记本开始写。记录的内容每天都不一样，有料理的画、菜谱，或者文章。有时候用日语写，也有时候用法语写。今天一天在工作中学到的东西、思考的事情，一件不落地写下来。昏暗的灯光下，他默默趴在桌前记笔记的身影，至今我都记忆犹新。"

有关肇的笔记，之前也提到过，说得极端一点，他醒着的全部时间都在思考料理和餐厅的事。

那一年期间，他感觉自己把该在渔夫们的聚集地餐厅学的东西都学到了。并非普通的一年，而是以肇的节奏全力以赴的一年。

30岁来到法国留学，计划35岁之前开一家自己的餐厅，然而离这个35岁只剩下两年了。如果接下来还在这里做副主厨的话，能学到更多东西吧。然而，比起在这里学习，现在的自己不是有更重要的事吗？

正在这样想的时候，肇看到法国发行的面向日本人的报纸上，发布了一则米歇尔·布拉斯餐厅的招聘信息。米其林三星的餐厅居然要登广告招人，这种事情可以说非常少见。而且，刚好是自己在苦恼未来出路的时候。肇感到一种不可思议的缘分，于是就往报纸上的电话拨了过去。

结果那个电话通向的是北海道洞爷湖畔的米歇尔·布拉斯洞爷湖餐厅。肇到那时候才知道米歇尔·布拉斯餐厅要在日本开分店，还以为是拉吉约勒的米歇尔·布拉斯餐厅总店在招人。本来，这种招聘启事登在面向日本人的报纸上就很奇怪，但肇根本就没有仔细想。可能正是存在某种缘分吧，如果不是因为这样，他恐怕也不会去北海道的餐厅工作。

肇决定结束法国的学习生涯，回国后直接进入洞爷湖的米歇尔·布拉斯餐厅厨房工作。在那里仅仅工作1个月以后，他就被任命为肉料理的主厨，即viande[1]。肉是法餐中的主菜，拉吉约勒的米歇尔·布拉斯餐厅总店里，这一重要角色也是由布拉斯本人担任。

"在渔夫们的聚集地餐厅，会用比如玻璃器皿、咖啡杯之类特别的容器来进行摆盘，对当时的我来说非常新鲜和刺激。然而在米歇尔·布拉斯餐厅，却完全不是这样。只是用简单的白色盘子，在那上面盛载令人感动的美丽料理。那真是独创性满满的美丽料理，让人觉得料理的摆盘能做到这么艺术化吗。比起料理人，米歇尔更像是一位哲学家。他每年在洞爷湖店里的时间很有限，我也没有长时间跟他一起工作过，但每次遇到他的时候就有这样的感觉。他会从初见的风景中获取灵感，然后即兴地把这种印象演化到料理的摆盘中。此前我虽然也会凭感觉去摆盘，但初次见到他的料理时，才明白，可以将自己的哲学和要传递的信息置于盘子上。居然还有这样的世界存在啊，我连想都没想过。"

---

[1] 法语的"肉类"。

米歇尔·布拉斯餐厅和肇至今为止去过的餐厅都不同，店开在可以俯瞰洞爷湖和太平洋的山顶酒店温莎洞爷湖度假村的最上层。从窗户往下看让人屏息的美景，人会陷于漂浮在半空中的错觉。毫无疑问，这是拥有世界级顶级景观的餐厅。员工们个个工作热情高涨，同事之间的关系也很好，薪酬也不错。米歇尔·布拉斯的思考方式遍及餐厅的每个角落。

"米歇尔·布拉斯的料理非常看重精神性，如果这一点没有首先教给大家的话就不妙了。在这样的北海道田园风光中，自己去摘野草，感受叶子的芳香，然后如何跟料理搭配起来，他会这样仔细叮嘱我们。但从来不会说要这样做法餐，因为我们是这样做的，所以你们也这样做。总而言之，他尽心尽力地培养我们。从这方面来说，作为企业体制也很完善，我认为是很好的经营系统。"

如果独立出去的话，艰辛是可以预见的。在气氛融洽的厨房里，和一群惺惺相惜的伙伴一起工作，不知道有多快乐呢。更何况，这份工作还是在地球上最具独创性且充满灵感的米歇尔·布拉斯餐厅做菜。

打算 35 岁独立开店的肇，能够朝着一开始就制定的计划前进，是因为有人在背后推他一把。不是别人，正是他的父亲。

消息传来时是 2006 年 7 月 25 日早上。

肇正在厨房里切牛肉，放下手机后，他静静地把菜刀置于一边，说："对不起，我不去不行。"

因为这一句话，同事马上察觉到发生了什么事。那时候，他曾装作若无其事地告诉过大家，父亲的状态已经不佳。负责前菜的后辈立刻将汽车钥匙丢给他。

"接下来的事情不用管了，赶紧去吧。"

在被副主厨这样催促的同时，肇奔出厨房，坐进后辈的车里发动引擎。那之后几乎是不顾一切地开车下山，从山脚宿舍中等待的阳子手里接过行李，换乘自己的轻型车，上高速奔向新千岁机场。不管怎么踩油门速度都上不去，发誓以后再也不买轻型车[1]了，这个场景到现在都记

---

[1]　日本的轻型车指的是排气量 660cc 以下的车。

忆犹新。从新千岁机场飞到伊丹机场，换乘大巴到达离父亲住的医院最近的车站，叔父开着车在那里等候他。走进医院玄关时，伯母一看到肇的身影便向他跑过来。

"肇啊，快点，快点。"

"进入病房的时候，父亲已经没有意识了。脸也失去了从前的模样，变得很消瘦，戴着氧气面罩，嘴巴张得很大，只能哈哈地呼吸着。即使我在他耳边叫'我来了，我来了'，眼睛也没法睁开。就这样在病房里呆了一晚上，第二天早上他就去世了。临终时，父亲的牙齿咯咯咬着，他相当用力地咬着后槽牙，让人讶异他怎么还有那样的力气，担心他把牙咬断。接着，他的眼角突然流出了眼泪，肯定很不甘心吧。父亲肯定还想再多活一段时间的。我当时强烈地感到，我必须要带着父亲那一份活下去。至今还清晰记得当时的强烈想法和眼泪。同时，在那个瞬间，我还想到了自己恐怕也不能长寿。父亲是67岁，我的人生恐怕也就到那时为止了吧。我那时候已经34岁了，还有30年。我想，只剩下30年了啊。往后30年能做什么，能留下什么呢？现在我仍旧会这样想。当我说这种话，妻子非常生气。但是无需置疑，人总有一死，从这个立足点来考虑的话，人生太短了。我被很多人问过，'为什么你那么着急呢？'意思是明明可以更轻松地去做啊，但在我看来却是明明没有时间了，为何还能如此悠闲呢。连睡觉的空闲都没有了。仅仅为了让身体休息而睡觉，岂不是太浪费了？每当说这种话，又会被妻子骂。不过，如果不能心甘情愿地结束，那么无论多长寿也没用。每当回忆起父亲的死，我总是会这样想。"

像正道会馆前辈去世时那种虚无感没有袭来，取而代之的是自己作为长子，要好好守护母亲的决心。肇想要让父亲一直以来支持的事业成形。

父亲在和病魔斗争的同时，亲自来了渔夫们的聚集地餐厅和米歇尔·布拉斯餐厅。虽说童年时被他反对过，但无疑他比谁都更期待看到肇成为"一流料理人"。

葬礼结束之后，肇回到北海道，决心半年后辞去米歇尔·布拉斯的工作，独立开店。他对主厨说不能就这样把母亲一人抛下，所以想回到关西自己开店，主厨也表示理解。

将辞职放在半年后，一来不想因为突然离开给餐厅带来麻烦，另外还有一个理由。每年秋天，米歇尔·布拉斯都会来洞爷湖的餐厅。想在独立之前，再亲眼见识一下他的工作状态。

到那时为止，他和米歇尔只见过两次。米歇尔性格沉稳安静，比起穿着厨师服在厨房工作，更多时候肩上披着毛衣，在散步道上看云。很难跟他有寒暄以外的交流，不敢想象还能向他学习更多具体的东西。尽管如此，偷偷看着米歇尔做菜的样子，总觉得这将是今后自己的精神食粮。

然而，人生这个舞台，常有着上场人物根本没想到的剧本。

第三次遇到米歇尔的时候，难以想象的难题放在肇的面前，让他汗流浃背。

"那个时候真的发生了很多事情。首先菜单没有寄过来，本来应该在米歇尔来日本前收到菜单，但没有收到。

如果料理的内容没定下来，就没办法做准备。这边着急得要命，但最后还是没收到，等到米歇尔来到洞爷湖之后才定下菜单。而且，定好的菜单内容总是变动。是在营业期间变。给最开始的客人上菜之后，结果对下一组客人的料理却说'不行，再加点这个'，改变了菜式。最后摆盘快完成的时候，突然说'果然还是不能用这个盘子，拿那个盘子来'。于是换了盘子，摆盘也完全不同了。员工都觉得很为难。'放过我们吧。'米歇尔不在场的时候，有员工这样发牢骚。也不是不能理解他们的心情，我却觉得窥见了天才的秘密。做着彻底确定的菜式的人，居然会如此地烦恼和焦虑。我第一次看到这种情形，真的是到最后的最后，盘子马上就要端给客人之前，他还在不断思考。真的很厉害啊，我是真心这么认为。可能我比较单纯，不过的确很感动。我发现了自己所从事的料理人这一工作的秘诀。他将会持续不断地挣扎前行吧。正因为如此，米歇尔·布拉斯才是伟大的主厨啊。"

对想要独立开店的肇来说，跟一道菜苦苦斗争的米歇尔·布拉斯的身影，真的就像践行时收到的礼物。也就是说，即便自己将来收获了他那样的成功，也必须这样辛苦做菜。这同时也是一种救赎。就是说，只要持续不断地努力、不懈怠，总有一天能抵达他所处的位置。

得知了伟大料理人的苦恼，并默默为此感动的时候，肇正在将刚烤好的鸽胸肉切成三份。

他感到手头的活好像被谁注视着，抬起眼，发现米歇尔·布拉斯正站在旁边，看着自己握菜刀的手。突然身体一下子热起来，米歇尔居然在关注自己的工作啊。肇对于使用菜刀很有自信，在法国几乎没有比他擅长用刀的料理人了，来到北海道之后也是同样。他比谁都能更快速地杀鱼，还向厨房里所有人教过用菜刀的方法。

洞爷湖的米歇尔·布拉斯的厨房，大约三分之二的员工都曾在拉吉约勒的总店实习过。而作为新人的自己能很快被任命为肉料理负责主厨，也是因为刀工了得。

虽然心脏跳得很厉害，却一点也不紧张。就像平时一样快速且完美地切好了肉，他抬起头，心脏不再狂跳了。心想对方应该是一种理解的眼神吧。

然而肇偷偷看到的却是毫无表情的冷漠眼神。而且，对方似乎有些讶异。

大概是自己产生错觉了吧，正好下一个订单进来，肇再次切起了鸽子肉，米歇尔又过来了。这一次直接说出了感想："Non, non. C'est pas bien."

意思是，不行，不行，你的手法太笨拙了。说实话，肇真的怒上心头。

"我心想，啊？什么？哪里不好了？这样说的话，你来切看看。当然没有直接说出口……幸好没这样说。"

不过，米歇尔那时候无疑是听到了这位日本肉料理主厨的心声。证据就是，当肇烤了一块鸽子肉准备切的时候，他站在肇身旁，这样说道："让我来。"

肇只好默默地交出菜刀，把肉料理主厨的位置让给了米歇尔。

站在肇的固定位置上，米歇尔严峻的脸色稍稍缓和下来。他取过肇烤好的鸽子肉，确认了一下肉的弹性后说：

"Cuisson parfait."

Cuisson 的意思是火候，parfait 指的是完美。也就是说"火候把握得很完美"。

接下来,他用大拇指内侧按压了一下肇的菜刀刀刃,很满足地点了点头。

"Coupée bien."

意思是说磨得很好。在法餐当中,研磨菜刀也是厨师的工作之一。即是他认可了肇对菜刀的保养。

米歇尔左手轻轻地扶住鸽胸肉,然后用那把肇悉心呵护的刀去切。

若要准确描述肇当时的印象,就是比起用刀切,更像是用刀去碰触。不管是扶着肉的左手,还是握菜刀的右手,米歇尔看起来好像完全没有用力。只是迅捷地移动菜刀,好像画了两条线,下一个瞬间,胸肉就变成了三块。

"那种感觉要怎么表达比较好呢。米歇尔握菜刀的手好像哪儿都没用力。就像剑术达人用棒轻拂肉的表面,肉立刻就被切开的感觉。我不由得看了下他切过后的横截面,怎么说好呢,真的是格外美丽。我抱头沉思,对于自己的刀工一直很有自信,那时也是跟平常一样做得很完美。但凡关于自己的工作,我一直在思考究竟要怎样才能做得更好。在如何用刀上面也一直在下工夫。从刚开始实习的时候起，从什么都不会做的时候起，即使今天不行，那么为了明天能够做到，该怎样做才好呢？不断地琢磨，不停地下苦工夫，把所下的工夫都记在笔记上，不断练习，就算这样仍旧不行的话也不放弃，依旧持续练习。终于到某一个瞬间，突然就能做到了。这样做的话手速更快，而且能切得更漂亮。我一路慢慢积累这样的发现。那时我感到自己已经相当能干了。正因为这样，即使进入新餐厅，我也能很快被任命为部门主厨。我偷偷感到骄傲且自负。自己虽然不能说是世界第一，但说真心话，我认为自己已经跟世界第一差距不那么远。但我错了。那个时候我意识到，这真的是一个可怕的世界啊。我感到不仅仅是用刀的问题。只不过这次刚好看到我在切东西，米歇尔·布拉斯所看到的世界，包括选择盘子的方式、摆盘、火候，所有的一切，不都是以那种水平么？这里存在着一个我看不到，却只有米歇尔·布拉斯能看到的世界吧？只不过是稍微比别人擅长用刀一点，我凭什么能如此自满呢？更何况，在米歇尔看来，我那骄傲自大的刀工不过儿

第六章 | 如果觉得已经很完美，其实并非完美

戏。这样一想，突然觉得好可怕。自己在挑战的到底是怎样一个世界啊？"

米歇尔把菜刀还给肇，继续往别的地方走去。

但是事情并没有这样结束。

第二天，肇依然在准备鸽子肉，眼角余光注意到米歇尔又走过来了。和昨天一样，察觉到他站在稍微离有一段距离的地方，盯着肇手中的活看。

心脏像晨钟一样响起来。不论是按压鸽子肉的左手，还是握菜刀的右手，米歇尔当时没有施加任何多余的力。一边回忆他的动作一边试着切。然而手指尖却感到了刺痛的视线。

"Non."（不。）

米歇尔就说了这样短短一个词，然后就离开了。

这样的场景重复了好几次，肇切肉的时候米歇尔来到旁边，一直盯着他看，然后摇头。

"Non. C'est pas bien."（不，不行。）

那一阵子，只要米歇尔往这边走，肇就会紧张得汗流浃背，口干舌燥。这种感觉莫名地很熟悉，他想起了离开烹饪学校后第一家实习的大阪餐厅，主厨走过来时也是同样的感觉。会这样猛出汗，也是从那时候开始的。

米歇尔的手势在脑海烙下了印记。看来加热过的肉有看与生肉不同的切割方式。并非按压住它再切，而是像刺身那样拉着切。刀刃与肉相触时运刀迟缓，而一旦开始切就很快。下手没有任何犹豫。

他看懂了那种动作，自己也用同样的手法去做，却总觉得哪里有什么微妙的差异。正是这一点微妙的不同，使得最后的结果天差地别。

像米歇尔那样去切，不管怎样肉都会动。

到底要怎样才能做到呢，完全没有头绪。被米歇尔盯着的时候冷汗直流，一次又一次尝试去切，不知不觉就做到了。

边冒冷汗边在米歇尔眼前切肉，大概到了第五天还是第六天的时候，忘记了切这回事，无心地移动菜刀，肉就突然分成了三块。

下意识地抬头，看到米歇尔正微微点头，脸上浮现出满意的笑容。

"总想着要去切要去切,反而不行。要忘记切肉这件事,再去切。说到底还是感觉上的东西,并非切割本身,更接近于到了某个临界点,肉自然就被切开了。有那么一个瞬间,我觉得抓住了那种感觉,那时起米歇尔也不再到我这边来了。再下次他和我说话,就是米歇尔准备回国的最后一天了。'肇,过来一下。'被他喊过去。这种事非常罕见,我还想是怎么回事呢。结果在厨房的一角,米歇尔这样说,'如果认为这已经是完美的话,其实并非完美。这个世界上没有完美。只有永远追求完美的姿态。'"

听到这些话的时候,我立刻领悟到,这里的实习结束了。已经到了必须辞职的时候。虽说早已决定要辞职,但正是这时候,让我再次确信辞职的判断没错,我该辞职了。并不是说已经没有任何可以从米歇尔那里学习的东西了。在那里工作非常开心,同事之间关系很好,工作内容也有价值,不管怎么说还可以近距离看到米歇尔一个接一个创造的新料理。然而在那里工作,我做的和那个人做的事是不同的。我也想像他一样不断努力前行。就算这么成功,得到全世界的认可,但他直到料理端给客人的前一秒还在努力。虽然已经站在料理人的巅峰,仍旧把目光放到更远的地方。真是了不起啊。不过,自己又怎样呢,我想我只能自己干了。'如果认为这已经是完美的话,其实并非完美。'所以他才会不断前进。我仿佛听到他对我说,你也再向前努力一些吧。"

那天之后过了三个月,也就是2007年3月1日,肇辞去了米歇尔·布拉斯餐厅的工作,和阳子两个人回到了兵库县的老家,准备为自己开餐厅寻找合适的房子。

阳子肚子里怀着两人的第一个孩子。

肇已经34岁了。

他终于跨越了少年时代想象中的"削土豆和洋葱皮"的实习阶段,实现"一流的料理人"这一梦想的未来终于近在眼前。

当然,这并非那么容易就能实现的事。

第七章

店铺还没有找到,存款为零

店が見つからず、通帳残高がゼロになる

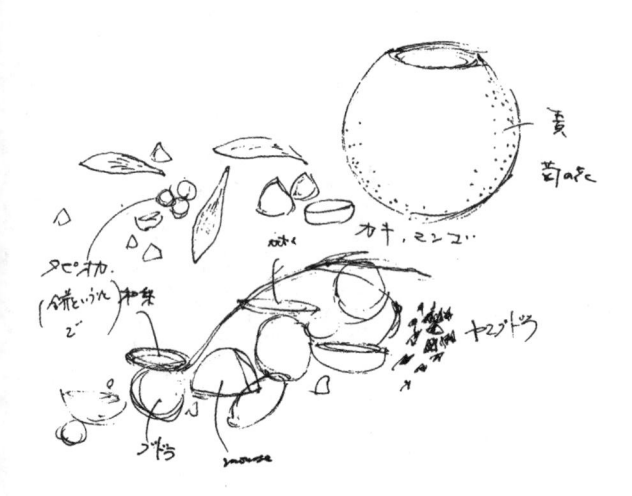

肇把那件事想得过于简单了。

那件事，当然是指开一间自己的餐厅。

不管怎么说，从开始学习料理到现在，已经整整七年了，无论自己做什么、看什么的时候，都在思考那件事。

倒不如说，脑子里想的只有那件事。

也有这样的厨师，只要能够做菜就很幸福了。不过，对他来说远远不够。

"不管多美妙的音乐、绘画、小说，相比之下，真正美味的料理更能让人感觉到幸福。"还记得刚开始采访的时候，我对肇这样说之后他的反应。

他像是同意似的轻轻点头，然后这样说："不过，无论吃了多么美味的料理，坏人也不会变成好人吧。"

真是贪得无厌的人啊，我还记得当时这么想来着。他的口气听起来有点不甘心的样子。

优秀的艺术有时能改变人心，他时刻把这种想法放在心上，说了那句话。也就是说，他肯定也想通过料理的力量去改变人心。

对他来说，料理就是自我表现。他说，不是为了填饱肚子，而是想要做出令人感动的料理。如果不能做到这一点，那么自己也就失去做料理的意义了。

为了实现这个目标，仅仅考虑盘子上盛放的料理是不够的。

简单地说，使用什么样的食器，很大程度上会改变料理带给人的印象。刀、叉、玻璃杯、葡萄酒的甄选，墙壁、天花板以及地板的颜色，桌布的材质，甚至服务生的熟练程度，所有构成一家餐厅的元素，都对一道菜有着决定性的影响。反过来说，为了呈上让人感动的料理，自己必须承担责任和风险来决定与餐厅相关的一切。因此，必须要有自己的店才行。

那是成为"一流的料理人"的必要条件。所以他才会一直思考将来自己的餐厅。

曾经实习的五家餐厅就不用说了，在日本和法国吃过的一流餐厅，甚至连街角的小食堂和快餐店都成为肇观察和考察的对象。再怎么优秀的餐厅，仔细观察还是有缺点存在。另一方面，再怎么平凡的小店铺，也有值得学习的地方。

就这样不停地观察、考察,把感想记下来,最后笔记都写了好几本。脑海中全是有关自己打算开的那家餐厅的想法。

辞去米歇尔·布拉斯餐厅的工作之后,一回到关西他就开始找房子,想要立刻开店。但是无论如何都找不到合适的房子。

肇至今仍清楚记得第一次看房那天。

那是大阪市福岛区的一块空地。说是接下来要在空地上盖大楼。一楼是 14 坪[1] 的店铺。福岛区那一带,近几年开了不少氛围很好的咖啡店和餐厅,也是建筑师朋友相当推荐的地段。

"我是那种什么事都当机立断的类型。去看之前就大致决定,回家后要跟阳子说'定下来了'。我家长男刚刚出生,也是为了让阳子安心一点,想对她说接下来我会好

---

[1] 一坪约等于 3.31 平方米,14 坪约为 46 平方米。

好干的。然而到了现场看到那块空地后，却有种'咦'的感觉。比想象中要狭窄得多。'啊，也太小了吧，我真的要在这里开店么。'还记得当时这么想来着。可能是空地看起来显得更小？心想也许是这个原因吧，总而言之再看看周边的环境。从这里到最近的车站，来来回回走了好几遍，还是没办法说服自己。"

他向来都是当机立断，但这一次却做不到。没有合理的解释，总觉得提不起干劲。尽管如此，也不想轻易放弃这块地方。

仅仅因为没有干劲，就放弃这块好不容易找到的地方，真的好么？完全匹配条件的地方，之后还能简单寻觅到吗？

思来想去，最终还是无法抉择。他苦苦追寻为什么这里不行的理由，或者说为什么要在这里开店的理由，一直盯着那块空地。被带过来看的时候是早上，但回过神来已经傍晚了，几乎一整天都呆站在这里。

"硬要说，就是没有灵光一现的感觉。面包师岩永向我建议，'看到一块地方时，觉得就是它了，那就对了，一定会有这种感觉。'他比我先一步回国，已经拥有了自己的面包店，所以就把找店铺时的经验告诉了我。他说：'这种灵光一现的感觉，跟什么都不懂的人感到的灵光一现又不同。肇你至今为止在很多餐厅实习过，日本也好法国也好，也吃了很多家餐厅，肯定知道什么是好餐厅而什么是不好的。要相信自己的直觉。一定会有让自己感觉灵光一现的店铺。在找到之前千万不能妥协。'"

他把岩永的话放在内心的某个角落，怎么样都无法下决断。问题是，不仅最初那天，之后那番话也一直萦绕心头。一个月过去了，半年过去了，还是没有找到"灵光一现"的店铺。

也去了好几家房产中介，每天几乎要在大阪街头走个二三十公里路。即使看了那么多地方，也没有灵光一现的感觉袭来。越走越觉得不可能遇到合适的店铺了。最后甚至开始讨厌大阪这个城市，心想这个城市怎么这么脏。无论是在法国实习的那两家餐厅，还是米歇尔·布拉斯日本洞爷餐厅，都位于自然风景优美的地方，所以才会格外有这样的感觉。不过当他放弃大阪，把范围扩大到京都和神户，也依旧找不到合适的店铺。7个月过去了，8个月过去了，按常理就该在这时妥协了，可他还是做不到。

为什么总是定不下来呢？

就连本来最能理解他的阳子，也不明白。

"从北海道回来的时候我正好临盆，然后生孩子，这15个月里面完全没有收入。每天他出门找店铺，回来却说没找到，看他那副愁眉苦脸的样子，比什么都难受。我觉得店铺很容易就能找到啊，然而半年过去、一年过去，还是没有找到。存款越来越少，存折上的余额为零了。无论怎么找也找不到，于是他就把自己关在家里，一整天坐在电脑面前。我也知道是因为没有可看的店铺，但还是对他说了过分的话，'这样待着也不可能找到啊。'那15个月，可能是我人生中精神压力最大的时候。不过，米田他本人肯定更痛苦。"

找房子居然是这么痛苦的一件事，谁能想象呢。

话说回来，就算连续寻找多年，他也肯定找不到房子。那是因为他根本就找错了地方。

不管怎么找都找不到，就在快要放弃的时候却找到了，这种事常有。寻找这种行为本身，有时候反而阻碍你去发现。

越是拼命努力的人，越容易陷入这个陷阱。总觉得找不到是因为努力程度不够，于是更加努力地去找。但是在不对的地方，无论怎么找也是绝对找不到的。也就是说，越找越难找到。而且，由于太投入，反而注意不到这一点。有些东西，与其拼了命地寻找，倒不如松把劲儿，才能找到。

从米歇尔·布拉斯餐厅辞职后一年，他不停地找啊找啊，就在感觉是不是找不到合意的店铺、准备放弃的时候，突然得到一个消息。快要完工的大厦一楼有供出租的店铺，只不过面积超过 50 坪，但肇想要找的是 30 坪左右的房子[1]。打听了下这间店铺的租金后，发现是自己无法承担的金额。

"粗略估算了一下，如果一次营业没有 20 位客人用

---

[1] 50 坪约 165 平方米，30 坪约 100 平方米。

餐，就赚不到钱。所谓一次营业，就是只做午餐或晚餐。若是午餐和晚餐都做，一天两次营业的话，就要40位客人才行。但是大阪的法餐厅，几乎没有哪家能每天能有40多位客人来用餐。我想还是不行啊，不管多么好的店铺，既然无法维持经营就不能租，即使去看也必然是浪费时间。要是之前我肯定不会去，然而那时候却有一种很想看看的心情。大概是自暴自弃吧。虽说绝对不会租，就当转换心情去看看也无妨。那栋大厦还在建造当中，地铁肥后桥站出来步行一会儿就到了。周围都是安静的办公楼，气氛很好，从主街拐到小路上大概几十米距离的地方。我心想，真的是个好地方啊。从缓坡稍微往上走一些的地方有一家餐厅，正是我的理想。客人们可以仰望着餐厅，内心充满着对美味料理的期待爬上坡道。这里虽然没有坡道，但从主街稍微拐进去一些的感觉，跟我内心描绘的餐厅位置很相似。而且，不仅店铺正面，连背面也朝着道路。这种房子真的很罕见。哎呀，要是面积也符合我的条件就太好了，50坪实在是太大了。应该很难经营好吧，我一边想着一边走进还在建的大厦。"

那是坦露着水泥墙壁，看起来很煞风景的空间。

然而就在踏入这片空间的瞬间，不可思议的事情发生了。

肇居然看到了餐厅的样子。这儿是入口，那儿可以做接待处，椅子和桌子这样排列，最里面是厨房……就好像出现了空间设计图一样，自己应该开在这里的餐厅雏形，全部浮现在脑海当中。

"也不知道一年里看了多少店铺，但这种事还是第一次发生。这里的话肯定可以，啊，灵光一现的感觉原来就是这样的啊。"

心脏就像暗恋着某个人一样咚咚狂跳，那是这一年中忘怀许久的感觉。

租金昂贵已不再是问题。不管怎样都想在这里开自己的餐厅。不仅仅租金，装修费也会大幅增加吧。从国民生活金融公库贷款的金额也不得不增加。不过总有办法的吧。不对，是无论如何都要设法做到。关于租金，只能想办法讨价还价。说服发放贷款的负责人要比讲价难吧，不过跟在法国申请劳动许可的辛苦相比，这些都算不了什么。尽管那时候人人说绝对不可能，还是认认真真用法语写申请材料，用法语跟法国的官员们交涉。甚至觉得，那么艰苦的日子都挨过来了，也许正是为了这一天。

那一年，他脑海里设想的都是30坪左右的小餐厅。大约20个座位，午餐3000日元，晚餐7000到8000日元，能看到厨房里主厨做菜的情形，气氛轻松活泼的Bistro（法式小酒馆）风格的法餐厅。只不过使用的食材和料理都想要是最上乘的。他的核心理念是打造最高品质的餐厅，而非高级餐厅。

初次开店，考虑到资金和实力，这种规模的餐厅最为妥当吧。从小小的餐厅开始，如果成功的话再考虑下一步发展。全世界大多数厨师在初次开店时，都会很自然地这么考虑，肇也不例外。

然而，当看到这间50坪的店铺时，肇脑海里冒出来的不是小酒馆，而是就算拿到米其林三星也不出奇的正式法餐厅。

站在空无一物的房子里，眼前浮现出餐厅的场景时，肇才幡然醒悟，原来一直以来自己想开的是这种餐厅。

比起开一家餐厅，倒不如说是自己更想做这样的料理。

从寻找店铺起，他就不仅是一名料理人，更是作为餐厅经营者的角度在做判断。并非有意为之，而是很自然地这么去思考。

想要寻找面积小的店铺，也是出于经营的观点。

天才料理人经营餐厅失败，这种事常常听说。而且越有才能的料理人，或许这种危险系数越高。一旦埋头于料理当中，经营自然就居于次位了。

肇充分理解这种危险性。决定要自己开店之后，他压抑作为料理人的自我，优先经营角度的判断。料理人米田肇保持沉默，整整一年，沉默着持续寻找店铺。虽然沉默，却没有表示赞成。因此不管看了多少店铺，都无法打心底里接受。

如果开一家小酒馆，那就意味着也要做小酒馆式的料理。

并不是说小酒馆的料理就不好，虽然只是笔者我单方面的想象，假设肇开了一家小酒馆，肯定也会成为很有名的店。凭借他这种钻研态度和热情，肯定能够开发出适宜的并且令人感动的美味菜单。从经营的角度来看，恐怕这样取得成功的可能性更大。

然而，作为表现者的米田肇却不得不为此做牺牲。

对他来说，料理跟音乐、绘画一样，属于自我表现的一种方式。到底要做人人吃了都说美味、能打起精神来的料理，还是能表现自我追求的料理，很难两全其美。

他遇到了米歇尔·布拉斯。看到了这样一个世界，就连那位天才，为一道菜也要努力到最后一秒钟。

米歇尔·布拉斯正在挑战的世界，我也想挑战看看。我以为才华横溢的料理人会本能地产生这种想法。"如果认为这已经是完美的话，其实并非完美。"对自认为刀工非凡的肇来说，米歇尔·布拉斯的这句话无疑是对他的训诫，但却不止如此。那个时候，米歇尔·布拉斯难道不是在邀请肇一起来挑战自己正在奋战的世界么？

想要做出能够感动世界的料理。这正是他成为料理人的核心驱动力。因此必须要开一家成功的餐厅，也是为了这个原因，反之则不然。所以说比起成功，首先必须考虑的是，自己是否能在这家店里做出足以感动世界的料理。我想，当看到超乎自己预想的 50 坪店铺时，肇突然顿悟到这一点。

他以米其林三星为目标的艰苦战斗，便是以这个时候开始。

他应该寻觅的不是大阪街头，而是自己的内心世界。

和大厦业主进行了一番租金的讨价还价，也终于说服了贷款负责人，拿到必需的资金进行装修，那是 2008 年 3 月的事了。

两个月之后，也就是 2008 年 5 月 12 日，Hajime RESTAURANT GASTRONOMIQUE OSAKA JAPON（日本大阪 Hajime 餐厅）开业了。

肇说，比起开业后餐厅走上轨道的艰难一年，开业前两个月的辛苦都根本不能称之为苦。现实严峻，使得他原本艰苦的实习期就像小学生的暑假一样令人怀念。

第八章

连鹅肝都不知道的法餐实习生

フォアグラを知らない
フランス料理人見習い

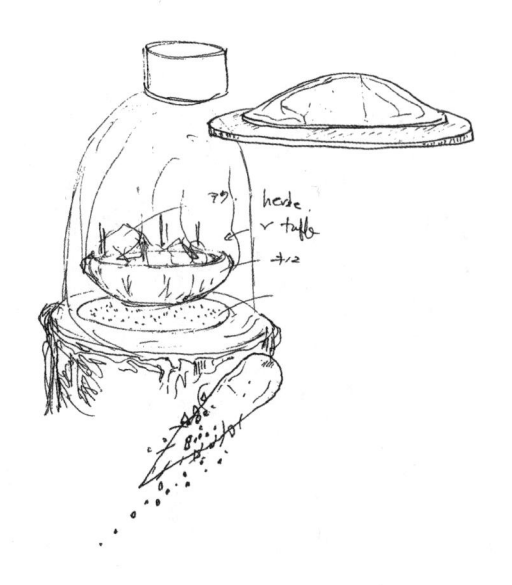

"开业前的一个月几乎没有睡觉。为什么呢，已经将近一年没有工作了。精力用不完，光是有事做就很高兴了，而且想做的事情堆积如山，一天只有24小时，怎么也不够用。不仅是料理和餐厅的事，还得学习经营知识，包里总是放着几本商业相关的书。乘电梯的时候，穿马路等红灯的时候，真的只要有一点点时间就读。即使这样还是没有时间。当然也不是完全不睡啦，妻子也很担心，不管怎么样人总是要睡觉的，顶着迷迷糊糊的脑袋到凌晨4点倒在床上，4点15分就起来继续干活了，一直持续这种生活。身体也是飘乎乎的，真的是飘乎乎。不过，一次也没有觉得痛苦。"

开一家餐厅需要做的事情，肇全部要自己来做。实际上，基本上都由他亲手完成。

阳子说："人生不是有重要抉择一说么？比如辞职啊、借几千万的巨款啊，米田在这种重大抉择上一直很果断，轻而易举就能做决断，让周围的人感到震惊。反而是在很细微的地方，比如桌布要选哪一种，菜单用什么纸质之类，他会相当苦恼。他绝对不会放手说'随便什么都可以啦'。在自己认可之前，他会一直烦恼下去。"

餐厅的整体设计那是自然，从墙壁和地板的颜色、材质，到网站主页使用的每一张照片，肇全都以这种状态在烦恼着。

比方说墙壁的颜色，不仔细看很难发现，入口附近和餐厅里面有微妙的色差。入口附近是微微混入一些冷色调的绿，而餐厅里面则是偏暖色系的绿。从入口进来到看见整个餐厅全貌时，会给人一种纵深感，在这种细节处下功夫，也全是肇的主意。桌子的大小、椅子的高度，精确到毫米为单位，全都是自己决定。那个时候的肇，口袋里总放着捆行李用的绳子，为的是外出时正好看到大小合适的桌子、坐起来很舒服的椅子，可以测量长宽高。最终餐厅的椅子腿是特别定制的，经过彻底研究后，他发现了最合适的高度，然而无论怎样都找不到这种高度的椅子，只好去定制。话虽这么说，其实调整的高度不过几毫米。

很难说椅子高度的几毫米之差，对于坐上去的舒适感有多大影响。客人的身高和腿长也各自不同，有人会说纠结于几毫米之差根本没有意义吧。椅子的高度并没有正确答案，肇肯定也心知肚明。

然而，当探求到无解问题的最接近的答案时，如果只是因为没找到合适高度的椅子，而妥协使用低几毫米的椅子，对肇来说无疑是一败涂地。

"谁都可以努力到95%。"他这么说。人人都为了成功而努力。95%的话，谁都能努力达到。但是真正成功的人只有极少数，那是因为大多数人达到95%后就松懈了。

在满分100分的考试里，拿95分不算坏。完成目标的95%，也一样不坏。

普通人都是这样想。

但这么想的人，不管过多久也只是普通人而已。

真正需要努力的是95%之后。马拉松也好、登山也好，抵达目的地之前的一小段才最艰难。如何坚持走完最后最艰难的5%，才是决定胜负的关键。

"人类所做的一切东西的品质，都取决于最后的最后如何努力。当觉得这就是完美的时候，接下来积累的努力才带来本质差别。而且，那种努力是没有尽头的。'如果认为这已经是完美的话，其实并非完美。'我想，那句话说的就是这个意思吧。"

就这样，日本大阪 Hajime 餐厅迎来了开业那一天。2008 年 5 月 12 日。

员工包括厨房内 4 人，服务生 3 人，总共 7 人。说要一起干的后辈和侍酒师暂且不计，其他人都没有工作经验。别说法餐了，连餐饮业也是初次踏入，团队里尽是这样的年轻人。比起笨手笨脚的有经验者，还不如从一开始培养新人……说起来好像很帅气，对于没有资助人和后援，什么都没有就一头冲出去的肇来说，就算要找优秀的员工也很难找到，这就是日本餐饮业的现状。

也就是说，他率领着一支毫无经验的团队，准备向米其林三星冲刺。

到底有多费劲呢，他本人最清楚不过，就好像带着一支业余棒球队伍去参加职业棒球比赛一样。

员工是开业一个月之前雇用的，根据不同工种反复进行专门培训。肇向他们诉说自己心中所存的理想餐厅的样子，以及有关餐厅服务的规矩。他提到自己的抱负，像全世界食客趋之若鹜的西班牙斗牛犬餐厅（El Bulli）和英国肥鸭餐厅（The Fat Duck），他的抱负也是开一家这样的餐厅，并讲述接下来的战略和方针。就算经验浅薄，一个月之后至少在精神上应该能培养出优秀的员工吧。虽然不能说十全十美，但他觉得自己做好了一切准备尔后开张。

不过，开张第一天只有两位客人，而且还是朋友，这是肇的幸运。

肇当时正在厨房，曾任洞爷湖米歇尔·布拉斯餐厅总经理的人特意赶到大阪来吃。那位原总经理发自内心感叹："开业第一天就能呈现完成度那么高的料理，令人惊艳。"对肇来说只不过是朋友的特别关照而已。他本人对料理的内容并不十分满意，服务的节奏也不太到位，一样都没有做好。一个月的训练期还是太短了啊。

并非肇小看了餐厅的工作。他在文化迥异的日本和法国的厨房都工作过，对这份工作的艰辛有深刻认识，也彻底思考过自己到底要开怎样的餐厅。不过，看到的东西和自己亲自去做，果然还是有天差地别。

肇最初经历的难关是用人之难。连在厨房里一门心思装盘的自己都注意到客人的水杯差不多该空了，然而直立在大厅中央的侍酒师，却在眼前客人水杯空了的情况下毫无任何动作。从客人餐桌上撤下的盘子，就这么放在水槽里，在肇注意到之前没有人会洗。"快去洗！"他怒吼一下，才终于有人行动了，而且令人震惊的是，动作居然像电影慢镜头那么迟缓。让他们去做什么，即便是去拾起掉在地板上的垃圾，都要肇一一下指令才行。现在就算是机器人，动作起来还要更快吧。忽然，肇想起了自己第一次工作的那家餐厅。主厨看到当时什么都不会做的自己，大概跟现在的自己有同样的感受吧。

狼狈的第一天结束之后，感到极其疲劳困顿。不说其他，连肇自己都不知道在这家餐厅究竟做了些什么。

送走了值得纪念的头两位客人后，肇决定从翌日起关店三天。真的是很难为情，接下来一个预约也没有，他也不认为会有客人不预约就直接跑来店里。即使有这样的人，遇上关门，也好过在一家不知道自己要做什么还在营业的餐厅用餐。

之后的三天，将员工分为客人角色和服务生角色两组，从客人打开门进入起，引至座位、点餐、端上料理、倒红酒、直到最后送客，仔细地向员工一一传授待客的心得，反复让他们练习。并没有待客手册这种东西存在。手册用起来很方便，但是待客方式也会变得统一呆板，更主要是会失去自己的思考。重要的是员工每一个人自己内心的感受，自己头脑里思考的东西。

用自己的头脑去思考。那是肇幼年和大家保持一段距离，独自玩时自然而然做的事。然而，当他开始用人后发现，把这一点教给他人却很难。懂得独立思考的人终归还是少数。

只能一次又一次地重复，同样的事一遍遍讲给对方听。

对肇来说，这种作业让他再一次回忆自己想做的事。现实总是击败理想。意想不到的错误估计、难以置信的失误、阴谋诡计、预料之外的变故……开始之前觉得很简单，一旦试着做下去，却发现变成了相当艰难的事。

这就是现实的墙壁，所以说要达成目标都不容易。理想沾满泥污，正是现实这个游戏的默认设置。

从现实的泥沼中，再一次拾起被打碎的理想，拼凑起来，再次作为自己的理想高高举起，难为情也好什么也好，总之刚开业的餐厅要关门三天。

尽管如此，仅仅三天当然无法改变现状。

"最初，经常是每天只有一桌客人，不对，有时候连一桌都没有。即使这样，也有做不完的事情。菜式必须得设计，葡萄酒单也得好好做出来才行，还得教员工切鱼的方法、传授待客之道。这也做不好那也做不好的状态下，有堆积如山的事情必须改善。尽管只有一桌客人用餐，直到凌晨两点才走出厨房的情况也很常见。就算这样工作也还没做完。过了凌晨三点到家，才终于能够思考料理。接下来要做怎样的料理呢，开始看料理书，就这样抱着书睡过去了。睡着已经是黎明时分，而早上六点半又得去市场进货，买好鱼之后，在员工到来前，我要把鱼鳞全部去掉、拿掉内脏，用保鲜膜包好放入冰箱。结束后开车去岩永的面包店拿面包。员工们都没有车，所以只能我去。等我回来的时候员工差不多陆续到店，于是就指导他们切鱼的方法、烤鱼的火候等。从最基本的东西开始教，但还是做不好。'这样不对吧，全部扔到垃圾箱里。'基本上每天都有这种情况发生。"

食材的初步处理是厨房员工的固定工作，然而连这都没法放心交给他们。餐厅一直使用最高级的食材，鱼类不是从面向法餐厅的中间商那里购买，而是从给老字号料亭和寿司店供货的专门供应商那里采购。自然价格就上去了。假若没有客人上门，就连浪费食材的余地都没了。

"真的全都是毫无经验的新员工，甚至有人连鹅肝都从没见过。教了好几个这样的人。餐具都是我在营业时自己洗的。如果交给员工的话，餐具往往如山般堆积起来，根本没法继续运转。我能够干三个人的活，快速清洗餐具、料理摆盘、烤鱼烤肉，接着再清洗餐具，几乎都是一个人完成。还要见缝插针地从厨房门缝里观察大厅的状况，告诉员工'那边的杯子没水了'。餐厅走上轨道大约花了一年时间，那一年像打仗一样。说是没什么客人，也有客人因为听说米歇尔·布拉斯餐厅的肉料理主厨自己开店而专程赶来。虽然不想让这样的客人失望，但上菜很慢。最开始的那会儿，全部上完菜需要花费五个小时，'真是够了。'曾被人这样说。我经常想，员工们要是稍微能干一些，事情就截然不同了。他们只要稍微再能干一点儿，我就能做到不一样的程度。也有客人说，一个人做不是更省力吗？可能确实如此。坦白说，我想过，不是有一天只接待一桌客人的餐厅么？那样的话我一个人也能应付。也不错吧？但我不那样做的原因，是因为我也是由一代人培养起来的。为了表现自我而一个人干的话，就没法把自己从前辈那里学到的东西传授给下一代。正是因为有主厨们对我这个做不好工作的人的锻炼，才勉勉强强走到这里。我想，把它们传递给下一代，也是一种报恩。哎呀，这样说的话好像很帅气呢。传授东西这件事本身并不辛苦，一开始是我一直在教，然而反反复复地教啊说明啊，依然做不好，常理来说应该知道的事也全然不知，所以我总是生气，而且很焦躁。为什么这点事情都做不好呢，心头火起的时候，便无法集中到自己的料理上。无论如何也做不好，所以像洗碗啊进货啊，全都只能自己来做。这样才能够不生气。真是糟糕透了,但这种状态持续了好长一阵子。"

面包师岩永造访 Hajime 餐厅正在那个时期。岩永独自坐在餐桌前用餐,把米田肇的料理从头到尾品尝一遍,这还是第一次。

"我还记得当时跟米田说,这是米其林一星的料理啊。老实说,我没怎么认真看过他做的菜。日本也好法国也好,我们聊天见面的次数非常之多,我对米田肇这个人很熟悉了,但好好吃他做的菜还是第一次。我吃过许多法国菜,对于他在其中能做出怎样的料理来很感兴趣。米田的料理技术含量很高,属于毫无瑕疵、异常美丽的料理。从这个层面上来说,即使放在法国也能够拿到一星。我心想,不愧是米田啊,一开始就能达到这种高度。但是米其林二星、三星还够不上。虽然能感受到那种气势,但盘子上还没有米田肇的灵魂。我真实的感想是,如果这一点无法更多地表现出来,那我在这儿用餐也毫无意义了。因此有一段日子没再去。下一次享用米田肇的料理是一年后。"

岩永所看到的不止盘子上的东西，而是肇的内心。

刚刚开业那段时期，为培训员工已经千辛万苦，即便如此还能端出极其华丽的料理，这一事实无疑说明肇的技术的高超。

然而肇并没有感到满足，想做的事情仅仅实现了十分之一。

仔细一想，那时肇不满的原因应该不只是员工问题。需要花很多时间去教育员工是事实，因此就没有更多时间集中在自己的料理上，也是事实。然而，这跟"盘子上没有米田肇的灵魂"是两回事。

肇自身也处在迷惘和创作的痛苦之中。通俗来讲，就像员工都是没有经验的新人一样，他自己作为主厨也同样是新手。虽说作为部门主厨积累了很多经验，但是当主厨的经验一次也没有。

主厨和部门主厨，某种程度来说属于完全不同的工种。至少也是作曲家和演奏家的区别。部门主厨，只是将主厨创作的料理，按照主厨给的菜谱制作出来。好比是钢琴家将莫扎特的钢琴协奏曲演奏出来。不管多么令人感动的演奏，这首曲子总归不能被称为钢琴家的作品。无论演奏几百次，这首曲子的作曲者还是莫扎特。

主厨和部门主厨的关系也与其相似。部门主厨只是在做料理，而非创造。如果把料理比作一件作品，那么作者无疑就是主厨。

肇不得不成为那个创作者。关于料理的技术，他自信已经通过七年的实习期达到了最高境界。米歇尔·布拉斯那样的人另当别论，但绝不会逊色于其他人。然而关于创造新的料理，他一丁点经验都没有。而且不仅仅是新的料理，还必须得是新的法餐才行。这一点没有谁能够教他，只能自己探索。

如果就像他当初考虑的那样，开了一间小酒馆风格的餐厅，可能就不需要那么辛苦了。前面也写过，小酒馆料理所追求的是单纯的美味以及合理的价格。要做出美味的料理并不难。

也就是说，就算不是小酒馆，像日本以前那种法餐厅的话，肇也无需那么苦恼。它们追求的是跟法国本土一样的法国菜。从前在神户的餐厅工作时，他自己也这么想来着。

"这家法餐厅，做的是正宗法国菜么？"

这是很久以前，辻静雄曾思考过的事。从那个时代起到现在的很长一段时间内，日本的法餐厅都是以这个标准来评价。因为做的是法餐，也是理所当然。

然而，时代发生了急剧的变化。从米田肇开始学习法餐的上世纪90年代后半起，仅仅10年时间，法餐界的状况发生了巨大改变。这么说可能有点唐突，我觉得互联网爆发式的普及是变化的诱因。顺便提一下，就在肇进入料理学校的1998年，斯坦福大学的研究生拉里·佩奇和谢尔盖·布林在加利福尼亚的一间公寓里创立了自己的小公司，那就是谷歌的开端。

简单来说，因为包含各种个人想法的信息能在互联网上共享，远离法国的日本的法餐厅也无法仅靠追随法国就获得好评。

有互联网之前，比方说东京的法餐厅 A 单纯模仿巴黎的 B 餐厅，但只有一小部分老饕知道。然而现在，这一事实瞬间就可以扩散到全世界。

仅仅美味的话还不够，单纯的模仿更行不通。

"不能让人感动的话不行。仅仅美味是无法获得米其林三星的。就算是令人感动的美味，如果只是模仿，无法获得好评。我苦口婆心地对员工们说，'客人说美味，不能囫囵吞枣全盘接收。''如果你们去别的餐厅，被店里人问到对料理的感受，该怎么回答？'就算不好吃，嘴上也会说'很美味'吧。不能听到客人说美味就兴高采烈。必须要领会客人的真实感受才行。如果对方说'很有趣的料理呢'，基本上就不是太正面的评价。'从来没吃过这样的料理呢'，大致就是肯定的感想。若是听到'太感动了'，那高兴也无妨。偶尔也有会落泪的客人，到那种程度肯定是合格了。那时我每次开会都跟员工们这样说。虽然不是格斗术，但如果能给客人们带来感动，就是我们的胜利；如果不能，我们就输了。不过，现在想想，这种方法论也不能完全成立。那时候的我，只要一有空就反复研读关于全世界米其林三星餐厅的料理书。当然，也有米歇尔·布拉斯的书。其实看得最多的就是米歇尔的书。连我妻子都说,'为什么你总是看米歇尔的书啊?'已经频繁到了这种程度。"

阳子那样说,还有其他含义。餐厅刚刚开业还没什么名气,对那个时期的肇来说,出身于米歇尔·布拉斯日本洞爷餐厅是很重要的经历。在米其林三星主厨当中,米歇尔·布拉斯也是被神秘面纱包裹的特别存在。他的弟子开店这件事本身就能成为话题。肇开店当初,在个人简介里也写上了出身自米歇尔·布拉斯日本洞爷餐厅。

然而没过多久,肇就把那一句表述删除了。

对他来说,米歇尔·布拉斯是他从心底里十分尊敬的料理人,是重要的路标,这个事实不会动摇。但他曾在米歇尔店里工作过的事,只不过是实现梦想的必经阶段。就像飞机航行距离还很短的时代,当人们抵达欧洲,会聊到是从阿拉斯加或中东中转一样,他谈及的不过是自己途经的点,然而人们却不那么看。人们会在肇所有料理的细节中找到米歇尔·布拉斯的影子,总是通过和米歇尔·布拉斯的料理比较,来谈肇的料理。这一点让他很难忍受。也有像岩永那样特别的客人,直接看向盘子对面的料理人米田肇。但那仅限于少数熟悉肇本人和他的料理的客人。

因为那样的情形，开业不久后，肇便努力试图抹去米歇尔的影响。尽管如此，只要一有空他就翻开米歇尔的书，在妻子阳子看来很奇怪。肇绝对不是为了模仿才看米歇尔的书，他看别的料理人的书也是同样。自然不是为了学做别人的料理。

"我所恐惧的是让客人失望。客人是为了品尝曾在米歇尔·布拉斯餐厅工作的厨师做的菜而来的。如果无法呈上米其林三星级别的法餐，一定会感到失望。这一点令人害怕。所以我必须要做出三星的料理来。而且，在我的餐厅里，我必须要做出不同于曾在米歇尔·布拉斯餐厅做过的菜的新菜式。于是我才拼命研读米歇尔和其他三星厨师的法餐书籍。比方说有位主厨在料理中使用茄子，我心想这样啊，接着思考的是为何那道菜里茄子要这样使用。原来是这样啊，为了使用茄子软润的口感。那么如果换作其他食材会如何呢？青菜用火加热后也会呈现软润的口感，用它又会呈现怎样的味道呢……反复进行这种思考实验来创造新的菜式。把一道菜分解成肉、用火方式、配菜、酱泥、调味汁等部分，每一部分用不同内容置换，然后研究新的组合。那时候，再将每部分一一变得更加精炼和高雅，才能超越激发自己想象的那道菜。对于料理的技术我很有自信，那样做绝对不会输。就是那样一种建构方法。"

肇说，不应该将自己的爱好和兴趣表现在料理上面。为什么呢，因为自己做的是法餐。只要好吃就把什么都放在盘子上，这样可不行。必须得是"正宗的法餐"才行。也就是说在法餐的派系当中，作为一道菜能够成立。正是为了逃离米歇尔·布拉斯的影响，才要去看他的书。要做出和书里一模一样的料理很容易。他的头脑中已经牢记食谱，没必要看书。肇面对着书里料理的图片，应该想要看透法餐的精髓吧。

但是，不管怎么看料理的图片，那种东西是没办法看到的。因为，创造料理的是他的内心，而非料理的图片。压抑住蠢蠢欲动的自由之心，不断思考新的料理，那种作业无疑充满了痛苦。尽管如此，肇还是执着于那种做法。他害怕如果任性地采用自己的方式去做，有可能做出来的就不是法餐了。

听了肇的话，我联想到的是武术修行。学习武术，首先只教基本步型手型。当你看到他们同样动作重复无数次，可能会觉得这是一种照葫芦画瓢的枯燥的运动，然而掌握型是为了自由。通过反反复复的练习，动作已经被刻入小脑的程序当中，能够不假思索地动起来。大脑皮质获得解放，就能根据敌人的动作迅速地、充满自由创造地出招。

从根本上来说法餐并没有所谓的"型"，但一定还是有法国人共通的思考方式。刻意被法国三星主厨们的做菜偏好所束缚的最初时期，可能正是他在学习三星法餐的创意之"型"的时期。

从型的修炼中解放出来，某种程度上能够自由地去思考料理，大概是开业五个月以后的事。我之所以用"大概"一词，是因为肇本人并没有意识到这一点。他所察觉到的只是那个时期自己的料理突然发生了很大变化。

那是2008年夏末时分，肇还在为当日的料理苦恼着。虽说临到最后关头还没决定菜单的情况很常见，那天却是快到晚餐营业时间还几乎什么都没定下来。唯一定下来的就是使用特别定制的巨大玻璃盘。那个盘子会用来盛放Hajime餐厅的限定蔬菜料理，唯独这一点是确定的。而且那个盘子傍晚才送过来，对于要在里面盛放怎样的料理，他毫无头绪。不对，尽管一直在思考，但脑海里什么都没有浮现。

"做不出菜来，做不出。该怎么办呢，临近营业时间，我还一直在喃喃自语。那天晚上的客人当中有著名评论家，在料理的世界相当有影响力，这一点我当然意识到了。老实说，我一直在期盼，那个人能来我的餐厅就好了。正当我这么想的时候他就来了，吃完马上预约了下一次，那天正是他第二次来店里。尽管如此，我还是完全没能定下菜单。因为只要被那个人认可的餐厅，马上会变得有名起来。我可能还是在逞强吧。'怎么办呢，'真是焦头烂额。不过，离他预约的时间越来越近，真的到了不得不开始做菜的时候，就像突然爆发一样，各种想法在我脑海中喷涌。瞄准鱼的融解温度，这句话第一次浮现出来，就在那时候。能用手拿起来吃喝的餐前酒也好，鹅肝也好，后来持续提供的这些料理的原型，都是那个时候刷刷刷地从脑子里蹦出来。因为是突然间大改餐厅的菜式,我记得很清楚,员工们都很震惊,喊着'太厉害了,太厉害了'。特制的玻璃盘子也是那时第一次开始用。通常我们的蔬菜料理是准备50多种蔬菜食材,而为了制作那道菜,那天准备了106种蔬菜。我将这106种蔬菜全部放置在圆形玻璃盘上,蔬菜上面再放蛤蜊精华的泡沫,用整体来表现地球的意象。"

这道蔬菜料理被称为"矿物质"(Mineral),也是肇的代表菜式之一。

如果要比作什么的话,那就是用蔬菜画的画。他让我看过厨房,100多种蔬菜分别被切成能感知各自质感的最小单位,淖水、蒸、烤、或者直接生的,采用能够引出其滋味与香气的不同温度和加热方法,按照种类分别盛放在调色板一样的容器上,旁边则放着那只圆形大盘子。肇站在前面,飞速地将蔬菜置于盘子上。令人印象深刻的是,对于100种蔬菜该放哪里,肇没有一点迟疑。就如书法家挥笔一气呵成写就文字,他把蔬菜也一个个放置。瞬间,一幅画般的料理"矿物质"就完成了。

但和绘画不同的是，作为画的原材料，每一种蔬菜不仅具有颜色，还有味道、香气和口感，而且温度也各有不同。非要说的话，那就是在五个坐标轴上，表现出五次元的复杂程度。自然，仅能以吃这种行为来鉴赏它。因此鉴赏的同时，它就消失了。虽然消失了，它却在人的五感留下难以忘怀的印象，实在是了不起的绘画。

"虽说味道基本上要讲平衡，但对我来说，首先会决定一道菜的重点是哪里，比如说肉类菜肴，为了不让客人在吃的过程中感到厌倦，就得让他们感知到这块肉的每一个侧面。如同毕加索的画，让眼睛、鼻子还有屁股全部朝向正面。换一种便于理解的说法，过去的肉料理比如炸猪排，只会给食客提供一种炸猪排酱汁来吃。然而，如果搭配番茄酱、蛋黄酱、芥末、生姜、酱油、盐、橙醋等多种调味汁的话，就能吃到完全不同的味道。各种各样的调味汁能突显出肉不同的味道和香气以及个性。我下一次会将那边陈列的所有调味汁混合在一起，试着做一下。混合全部调味汁的时候，还要调节其比例，让它吃起来平衡且美味。所以形象上来说就是毕加索的画。即使每一面都朝向这边，却是调和而有趣的。叫作矿物质的那盘蔬菜，目标就在于此。"

那样一种菜式，在那个时期突然诞生，连肇自己都搞不清原因。硬要说的话，或许就像杯子里盛满水一样，叫作米田肇的容器里装满了法餐的精华，终于溢出来了。比作武术，那就是从型的练习毕业，进入可以自由发挥招式的阶段了。

常说兴趣爱好没有在料理上反映出来的肇，这时候终于开始一点点把自己喜欢的美味加入到菜式当中。对于反映肇自己喜好的料理，客人的评价比他想象中要高得多。本来只会说"很有趣的菜"的那些客人，开始改口为"这么美味的料理我至今为止都没吃过"。

说到底，并不是一帆风顺。Hajime 餐厅的名字在法餐爱好者之间成为热议话题，预约慢慢多起来，但差不多是他一个人做菜的状态仍旧在持续。如果客人持续增加的话，眼看就要对付不过来。肇花一年多时间找来的店铺，容纳 20 人以上用餐绰绰有余，但照这样的情势，不可能给客人呈上完成度很高的料理。

肇规定一晚上接待客人的上限是6位，不接受超出人数的预约。

即在这个时期，由Hajime餐厅的7位员工来接待最多6位客人。经营上的确很艰苦，那种事不用说也知道。

与其给20位客人提供虎头蛇尾的料理，还不如先给予6位客人发自内心的感动，肇是这么想的。只能从那开始再慢慢增加。

保持踏踏实实作风的同时，肇几乎每天晚上都会去网上查看Hajime餐厅的相关评论。虽说大多是正面评价，也不是没有严厉的意见，里面还有人写了很过分的话。不是批评，而明显是中伤。随着餐厅的知名度提高，这样的中伤也越来越多。仔细一读会发现，批判者根本没来过餐厅，只不过凭借想象写下批评的话。

不管谁获得成功，总有嫉妒他成功的人。哲学家克尔凯郭尔把这种感情称之为无名怨愤，即弱者对于强者的憎恶。进入网络时代后，能够轻易将那种无名怨愤通过网上发布的形式轻而易举地扩散出去。扩散出去相当简单，但是对方会受到怎样深的伤害，没经历过的人不会知道。也有人说这是交"有名税",因此而对他人失去信赖的名人也不少。

然而肇是有贪欲的。为了让餐厅变得更好,他一字不漏地读了所有的评论。不仅是餐厅的排名网站,连二频道[1]的电子公告栏都全部看了。

"不论怎样的批评,肯定也包含真实的成分。"他这么说。那一点真实性也可能成为改善餐厅的关键点。

话虽这么说,肇的受打击能力也没那么强,看到过分的评论也会很丧气。

不,正因为他几乎是拼了命地在工作,可能会比普通人受到的伤害更深。

"料理人啊,为了让客人感到愉悦,会打扫到半夜,让厨房闪闪发光才回家。甚至牺牲了睡觉时间来做菜。看到那么过分的话,真的很受伤。"

批评的文字当中,不少内容仔细阅读就能发现是谁写的。也有几天前来 Hajime 餐厅用餐的客人写下过分的评

---

[1] 2channel,日本大型网络论坛,现更名为 5channel。

价。送客的时候，客人还说着"非常美味，真的很感动，还会再来的"，然后和肇握手道别。看到评价那一天，肇真的陷入了深深的低落情绪。即使这样，他还是设想客人的心情，硬着头皮读了下去。仔细读一读，说不定真会有一些改进餐厅的点子浮现出来。

那真的是极其痛苦的作业吧。那种损害不仅是精神上的，也有肉体上的侵蚀。2008年圣诞节前夕，肇不得已只好住院。病症是十二指肠溃疡，医生说精神压力是主要诱因，还并发了神经性的荨麻疹。

这肯定不仅仅是由于网上的评论。事后回想，把他逼到这一步，更本质的原因在于肇自身的问题。

出院之后，利用那一年的跨年假期，肇逃离日本，前往法国旅行。尽管时间很短，他还是想在法国重新实习一下。这次实习的地方在诺曼底一个叫翁弗勒尔的港口城市，一家叫 Sa.Qua.Na.[1] 的米其林二星餐厅。回到法国菜这个原点，肇试图寻找能让自己走出痛苦的方法。成

---

[1] 店名为 Saveurs, Qualité et Nature（风味，品质与自然）的缩写，其发音接近日语的"鱼"。

为主厨并拥有自己的餐厅后再一次跑去实习，会有这样的人吗？

虽然能看到远处的光，但环顾四周却一片漆黑。

这就像踏入长长的隧道，一条无法预计什么时候能走出去的长隧道。

那位男士来到餐厅的时候，正是肇结束短暂的实习，刚回来不久的时候。就算从法国回来，餐厅的状态相比以前也几乎没有变化。也就是说，其他桌子跟前一位客人也没有。

肇没有特别焦虑的情绪。被世人理解那一天终归会到来，尽管什么根据都没有，他仍旧这样相信着。

不对，并非完全没有根据。

他的全部感觉告诉自己，这种方式并没有错。也许有点傲慢，但如果自己的方式不能被世界所接受，那么他对这样的世界也毫无兴趣。

如同精巧的机械式手表，肇用同样的方式来看待自己的料理。直径 40 毫米的表盘，由 600 或 700 个零件组成，堪称人类历史上最细致的精密仪器。

仅仅把手表零件组装起来，它还无法转动，几百个零件中的每一个都要拧紧或放松螺丝，各处都要小心翼翼地进行微调整，做完之后，才能够符合设计者的期待，滴答滴答地走起正确的时间。

自己的料理也是在他人无法想象的无数微小调整上完成的，算是某种程度上的精密仪器。比如说增加一粒盐、温度提高 0.1 度，会使最终的味道产生怎样的变化呢？什么是必须要加的，什么必须要去掉。一天又一天、不知疲倦地反复进行这种踏踏实实的做法，最终完成的料理就像无比准确的时钟，该会抓住世间每一个人的心，使之震颤、感动。

直到所有的微调整都完成之前，还需花费好长一段时间，他自己再清楚不过。

尽管如此，肇还是坚信绝对有人能够懂得他。

比如说一块青花鱼肉。

在青花鱼的皮和肉之间，隐藏着美味的脂肪。为了达到脂肪恰到好处融解的温度，必须要缓缓地对鱼肉整体进行加热。此时要让五感变得敏锐起来，把注意力集中到青花鱼肉的状态上面，继续加热，终于奇迹般的瞬间降临。有那么一瞬，构成鱼身的细胞仿佛重新活了过来，一齐开始膨胀。千万不能错过那一瞬的时间点，马上把鱼拿起来。

那样加热后的青花鱼肉，拥有令人惊讶的富有弹性的口感，咬下去的瞬间像魔法般化开并充满了口腔，即使找遍全世界，都不会遇到如此惊艳的感觉。这种火候上的细微调整，应该还没有谁能发现。在鱼之上，今天添加了花椰菜酱汁和烤杏仁的香气，用纤细的甜味将青花鱼淡淡的有个性的芳香激发出来。

今晚唯一的客人，那位男士，是否喜欢我的料理呢？不得而知。

自己能做的，不过是把全部力量都用进去，为了那位客人，制作今晚地球上最美味的料理。

肇在完美加热后的鸭肉表面，放上点缀的盐之花（fleur de sel）。那是来自布列塔尼半岛出海口的盖朗德盐田，经由太阳光和风将海水蒸发后形成的薄片盐结晶。

预测食客在切鸭肉时下刀的位置，用小镊子微微调整盐摆放的位置。由于入口的一粒盐，味道会有微妙的变化。最初的一口和接下来的一口也会发生变化。调整到每一块肉的盐的量都恰到好处。如果完全平均，不管盐的调味如何绝妙，舌头都会感到腻烦。接着，他在脑海里描绘客人吃完最后一块肉吐出满足气息的情景，慎重地将最后一粒盐放上去。那个人在吃完时的感动。归根到底，这正是肇做料理的全部理由。

如果用秒表测一下，从放盐开始到结束，一定总共才花10秒。只要充分集中精力，就可以延长时间，这是肇在实习中学到的。

完成后的餐盘放在托盘上，由年轻的领班端到餐厅去。肇对领班说，把背挺直。因为客人会看到你的背影。这个背影的姿态也会改变他们对料理的印象，请不要忘记这一点。

拧紧螺丝、拧松螺丝，并非只在盘子上进行这种操作。

真正完成的日子会是什么时候呢，目前还完全不能预计。那一天可能永远不会到来。也有可能自己穷尽一生不断努力，依然无法做出能向世人宣告完美的料理。

肇想，即使这样也很好啊。相信这条路的前方有顶峰存在，自己才能不断地往高处攀登。那才是属于自己的料理。

就算今晚是最后一夜，也毫无遗憾了。

男士结束用餐的时候，已经差不多 11 点。

为了目送客人，肇从厨房的后门走到餐厅玄关等候。晚上要尽可能目送每一位客人离开。

然而，怎么也没见到那位男士的身影。

不会发生什么了吧？服务生明明报告说，他一直很满足地吃到最后的甜品。当然，是否真的很满足，也只有神才知道。

不安从心里掠过。今天晚上唯一的客人并普通人，当然在他预约的时候就已经知道了。预约簿上写着"辻芳树"这个名字。

他是辻烹饪专门学校的校长,也是辻静雄的继任者。根据父亲辻静雄的教育方针,他从 11 岁起就到英国留学,通晓全欧洲最有名的餐厅,和站在世界顶端的料理人们交情很深,而他对今晚的料理不知会抱有怎样的感想呢?

虽说肇对自己的料理抱有绝对自信,但也并非毫不在意别人的看法。尤其是咖啡也应该喝完了,这种时候还不见人影,究竟是怎么回事呢……

那个时候,辻先生正在厨房里。

他初次尝到年轻主厨米田肇做的料理时,首先就想,必须要跟做菜的人谈一谈。

对于初次到访的餐厅,辻向来都会做一番事前调查,他知道米田主厨是自己学校的毕业生。不过,辻会主动跑到厨房里,并非因为他是学校的毕业生。辻的做派是,不管对方是谁,只要对刚吃完的料理有话想说,就会跑去找主厨说。少年时代起就在英国打橄榄球的辻,脚步特别轻盈。不想费事把主厨叫到餐桌旁边来,索性自己去敲厨房的门了。当然，如果有其他客人的话，不管辻性情多么豪爽，也不会做这种事的，那一晚刚好没有其他人。那么，彼此都无需拘泥于形式，也不用浪费时间了。

然而厨房里并没有主厨的身影。员工四人，都站在那儿呆看着这边。全都是年轻的脸。果然来厨房是对了。他有这样一种预感，员工们恐怕不懂吧，对，他们什么都不知道吧，不知道自己正在从事怎样的工作。

辻一心想给他们打气，这样想的时候，不知不觉就说出了口："喂，你们啊，到底知道么？你们正在做了不起的事情！"

"虽然我说'你们到底知道么？'，但对方反应非常迟钝，一副'啊？！'的表情。不过这种反应也是预料之中。米田先生真是在做了不起的事啊。我去过全世界那么多餐厅，能达到那种水平的料理只有几个人能做出来。当然，现在他的料理变得更加厉害了，然而这种厉害的精髓，其实都包含在我最初吃到的他的料理当中。仅这一点来说，某种程度上是令人费解的料理。虽然费解，但是美味，这便关联到肇的料理的另一个特征——温柔。不过，如果不能理解法国一脉相传的美食文化，那么也很难真正理解他的料理。那时候，服务也极其简单。通俗来讲，就像在街头咖啡馆享用米其林三星的料理。这样讲可能不太好，除了米田以外，其他员工基本都是非专业人士，服务生也好，厨房员工也好。所以我才会问他们，'你们知道么？'从事料理方面的员工，应该已经听过很多米田先生关于料理的说明。因为若没有仔细地磋商、协调以做到绝不失误，不可能做出那样的料理。然而，员工们还是不知道自己做的料理究竟水平有多高。我清楚地记得，那时我想，如果要他们向客人充分传达并使之理解料理的完成度，恐怕相当困难。但是，米田对此却毫不在意。不管能否被理解，都不做妥协。他真是意志很坚定的人啊。那时候，尽管完全没有客人来，他还是一副淡然的样子。我还记得当时对一起吃饭的人说，'一旦这家店成为热门话题，之后再预约就很难了。'"

几个月之后，辻果然一语中的。

肇终于穿过了隧道。

"在那之前刚刚完成青花鱼料理。我知道鱼肉到达哪个温度带会变得怎样。吃金枪鱼腹的时候，它会在口中融化。我想，如果能制造出那个温度带，鱼肉不就能一瞬间在嘴巴里消失了么？于是首先我测量了口腔温度，是36.4℃。如果能那个温度下融化的话，就会达到令人惊艳的入口即化。所谓入口即化的惊艳，就是本来以为很硬的东西消失的瞬间的惊艳。不是有那种谁准备坐下时把椅子抽掉的恶作剧么？椅子越高，受到的惊吓程度就越大。我的目的就在这里。比方说啫喱也同样，橡胶球一样的硬啫喱，谁都不会感到惊讶。不过也有一般情况下不会凝固的浓度，却全部凝固起来的啫喱。只不过凝固需要花时间。就算放置一天也还是液体，一天半左右以后，终于到了有点晃动着凝固起来的浓度。将那个东西凝固起来，然后放在可融化的温度带，就会一瞬间消失融化。这才令人惊讶。重要的是，完全凝固起来后，啫喱既拥有弹性，也能在某个温度下突然融化。为了达到这个目的，得分析明胶和水之间的关系，测量人口腔的温度，分析人类的感觉，然后计算出最适合的明胶浓度比例。这跟加热鱼肉是一样的，外皮烤得焦脆，内里依旧柔软多汁，入口即化。如何产生这种对比才是问题所在。一般情况下，皮烤到焦脆后，肉会变硬。如果将肉控制在很软的程度，那么皮会是软塌塌的。所以说，皮烤到焦脆，肉却保持柔软的状态，究竟要怎么做呢？进行分析，要怎样让青花鱼的肉在口中瞬间融化，加热到哪个温度带为止，要做怎样的初步处理，什么是不得不做的，将这些彻底研究之后才做了菜。做到那种程度真的是很有趣。"

岩永第二次来 Hajime 餐厅用餐，差不多就是那之后不久，开业一年后。

"真是大吃一惊。菜单的基本构成没有变化。但是竟然能有这么大的变化，纯粹的惊艳。那一年里，米田的情况我也听了不少，根据他的性格，我预测到料理会有很大进步。然而，那个幅度，也就是进步的幅度，完全超出我的预想。成了另一个次元的料理。总之那种美味穿透人心。怎么会那么好吃呢，真的是太美味了。我这次真的是被打败了。这一次盘子上已经有了米田的灵魂。那就是米田啊。忘了是那次还是之后的一次，我吃了米田做的鸭子，如果自己转世成鸭子的话，也希望来到这里让米田做成料理啊，我是真心这么认为。"

说着，岩永高兴地笑了。

第九章 Hajime 变成了难预约的餐厅

『Hajime』予約の取れない店になる

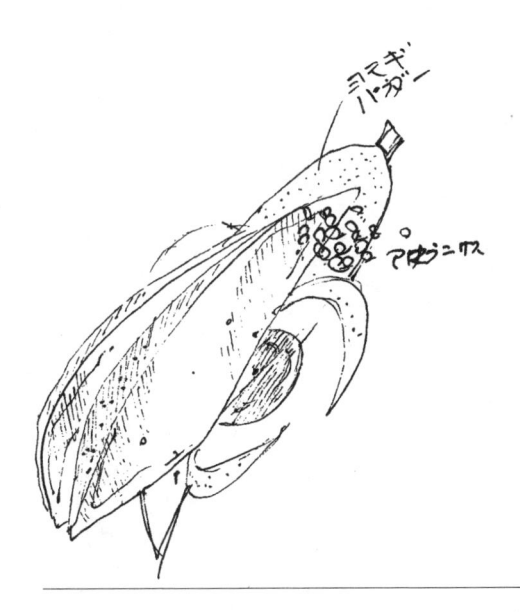

京都建仁寺里举办的记者发布会红地毯上，当时米其林指南的总编让·吕克·纳雷对肇悄悄耳语。

"这个年纪就获得三星，你将会成为保罗·博古斯或乔尔·卢布松。"

那是 2009 年 10 月 13 日，肇 37 岁。

辞去工作开始学习法餐，是 1998 年的春天，走上料理人之路已经 11 个年头。那之后在大阪和神户的法餐厅实习三年半，又去法国两年，在北海道的米歇尔·布拉斯餐厅实习一年半。所以说在厨房实习的时间总共七年。

然后是 2008 年 5 月 12 日，位于大阪江户堀的 Hajime 餐厅开业。从那时候算起，那是一年零五个月后第一天的事。

不管怎么计算，毫无疑问，他确实在难以想象的短时间内夺得了米其林三星。《京都·大阪米其林餐厅指南》刚好在 Hajime 餐厅开业的翌年开始发售，即便减去这一幸运，仍然令人吃惊。

"我从前想在一年里完成三年的学习。"肇这么说。就像这句话所说，他是以别人三倍的速度在向前狂奔。虽说想向他的集中力和耐力脱帽致敬，但更了不起的是他坚持用自己的方式去做。大学毕业进入企业工作，然后辞职，来到烹饪学校学习，这才开始自己的料理人之路。能够作为参考对象的人一个也没有。一般人看来，真是绕了很远的路，的确也有很多人这么说。不过，就结果来说，这种绕远路才是实现"一流的料理人"这一梦想的捷径。

有意思的是，他一开始的目标就是三星，而非一星或二星。在米其林至今为止的历史上，就连保罗·博古斯、乔尔·卢布松或者米歇尔·布拉斯，最开始也是一星。肇简直是不把常识当一回事。

"自从在法国的时候起，我就搞清了三星餐厅和一星二星餐厅的差别。采用了数学里集合的思考方式。就算三星餐厅也有很多，比如参考皮埃尔·加涅尔（Pierre Gagnaire）、拉斯汤斯（L'Astrance）、三胖（Troisgros）、众神主食（L'Ambroisi）这四家。走访这四家三星餐厅，找出它们全部的共有特征。用集合的图表来说，就是每个集合的重合部分。而那个重合部分就是三星餐厅的必要条件。非重合部分则是每家餐厅的不同个性。取得三星的战略就是努力让自己的餐厅拥有全部重合部分。具体来说，巴黎有家叫拉斯汤斯的餐厅，我去过好几次，每次去都能明确感受到三星和二星的区别。这家餐厅是否美味呢，老实说，调味跟我的喜好不太一样。服务也感受不到明显的出类拔萃。若要说哪里有所不同，那就是料理的洗练程度不一般。调味汁的细腻度，慕斯入口即化的感觉都很棒。放入口腔的一瞬间就消失了。肉和鱼的火候也很完美。我想就是这个吧，喜欢或不喜欢，单纯的美味或难吃，这些都因人而异。葡萄酒也是一样，存在便宜又美味的葡萄酒。但葡萄酒的价值并非由好喝或不好喝来决定。那是对葡萄酒的洗练度、余韵的悠长程度、香气的复杂度，或是熟成后的可能性等进行综合判断，判断出葡萄酒的价值后再定价格。评定米其林三星的方法也类似，一般情况下，人们常常将美味作为评判指标，但这并非绝对的评判标准。若能做出那样的料理，我相信一定能取得三星。"

这般冷静的分析，实在是很符合肇的性格。三星是我的梦想啊，很憧憬得到米其林啊，完全不是这类话。

当然，就算说了这番话，他毕竟也是人啊。

那个 10 月 13 日的早晨接到了电话，得知拿到米其林三星的时候，肇和阳子两人紧握着手哭起来。为表示感谢，去拜访了盟友岩永，后者烤了 Hajime 餐厅的全部面包，他们送去包含了感激的礼物。岩永说打开箱子的时候差点整个人软掉，箱子里是一颗巴卡拉[1]的水晶星星。

在记者发布会现场，肇和一同取得三星的京都料理界的泰斗们站在红地毯上，享受着灿烂的心境，这也是事实。

然而，在热闹的典礼中，他却感到内心不可思议地归于平静，这同样也是事实。从现在起必须要做的事情在脑海中一一浮现。事情那么多，根本没有为此而满足高兴的心情。

自己的目标还在遥远的前方，三星只不过是一个必经阶段。

再说，明天会发生什么，也能大致想象出来。

只有一件事，让他从心底里感到高兴。那是肇告诉员工们获得三星时的事情。

---

[1] 制作水晶工艺品的法国奢侈品牌。

他们眼中并没有涌出大量的泪水，悄然撼动肇的内心的，是他们皱起脸呜咽着说的话。

"谢谢。"

他们这样说道。谁都没有说"祝贺你"。没有一名员工认为是别人的事。就好像是自己取得了三星一样。

然而，这比什么都让人感动。让人高兴。

不，这样才好。因为三星是给餐厅的。

必须要做的事情数不胜数，但至少，大家已经成了一个团队。即是说，肇自己想做的事，正是这个。

第二天，餐厅开门的时候，外面已排起了长队。

排队超过 100 人以上，从那天起，Hajime 就变成了很难约到的餐厅。

通常两个月以前就全部订满，等候取消名单也通常超过 200 人。这种状况持续了两年多，至今仍然如此。

理由很明确。

因为米田肇的料理持续撼动着人们的心。

第十章 人活着并且要吃的意义

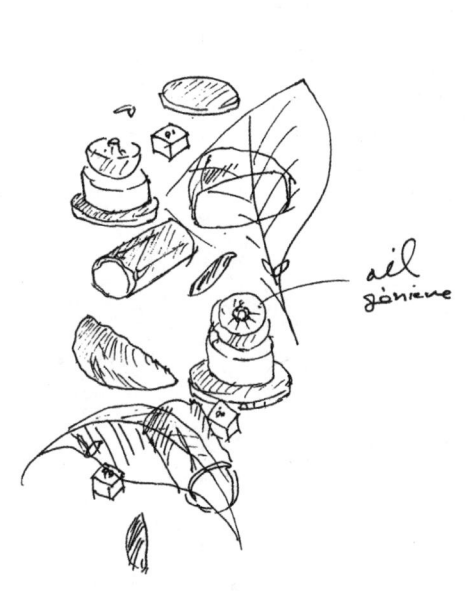

人が生きて食べることの意味

2012年4月底,我收到了这样一封邮件。

那之后您过得可好?

明天开始餐厅会休整一周,之后调整成一天营业一次。

虽说不是那么大的变化,但细节上的改动不计其数,也很头疼。

而且店名会从现在的 Hajime RESTAURANT GASTRONOMIQUE OSAKA JAPON 变成仅仅是 HAJIME。店门口的 LOGO 也会变成只写着店名 HAJIME 和我自己的名字。

米田肇

果然他是认真的,我想。

自从2010年初次见面的时候,就听他说想一天只营业一次。不做午餐,只在晚餐时营业。价格也会上涨,恐怕要翻倍。

我记得,听到这些话,我有点感动。

改变价格,意味着要改变料理。

尽管创造出一道新菜式如此艰辛，尽管每天几乎从清晨开始到深夜无休地持续工作。以前 Hajime 餐厅只有一种套餐。变成那个价格的两倍。已经无路可逃了。

"如果说完全没有不安的话，那是骗人的，只不过这是我必须要做的事情，虽说拿到了三星，但我从来都不认为自己的料理到此已经很好了。自己想做的事实现了不到两成。如果午餐晚餐都做，以现在的状态，自己肯定没有做想做的事的时间了。时间不够，也就不可能产生新的想法。没有想法，时间就愈发不够。为了停止这个恶性循环，不得不更加努力学习，而且需要更多思考时间。不仅仅是我自己，对于其他员工来说也是同样，为了他们的成长，学习时间是必要的。为了腾出学习时间，只能变成一天营业一次，这是我得出的结论。"

开业至今不过四年，餐厅通常连两个月之后的午市和晚市都被订满，然而他却舍弃安定，去寻求变化。

自己作为目标的世界，还在遥远的前方。会那样说的人不少，不过比他还认真的人，我一个也不认识。把完成度如此之高的料理狠狠扔掉，向着更前方行进。

如果说现在的料理只做到了两成，那么提高到四五成的完成度之后的料理，该会变成什么样子呢？

无论如何我都很想见识一下。

而且，他想要改变的不仅仅只是这个。

他说还要改变餐厅名字。

Hajime 后面的 RESTAURANT GASTRONOMIQUE OSAKA JAPON 全部拿掉，什么都不加，只变成 HAJIME。

只不过是细微的变化，他却特意写邮件来告诉我，这里还有别的含义。

最初考虑改名是 2008 年冬天，肇去法国实习的那次。那家 Sa.Qua.Na. 餐厅的主厨亚历山德勒·布尔达曾担任洞爷湖米歇尔·布拉斯餐厅的主厨。在肇去北海道之前，他已经回到了法国，所以两人并没有共事过，但他算是肇的前辈。不仅仅是实习，肇无疑想看看，同为出身自米歇尔·布拉斯餐厅的料理人，其经历到底对他的料理有多大影响。

亚历克斯（亚历山德勒的简称）肯定想的一样。他也很想知道米田肇在大阪的餐厅里提供怎样的料理。肇借来电脑，上网把自己的料理照片找给他看。

看了那些照片后，亚历克斯嘟囔着说："很像布拉斯。"

肇有点生气："哪里像了？"

"这个使用了鸡蛋的餐前酒，还有蔬菜料理。"

"味道完全不一样。"

"别人不会那么想吧？"

"这是我三天三夜都没睡觉，想出来的料理。"

"但还是很像。"

"亚历克斯你的料理也满是米歇尔的感觉啊。"

肇完全一股血冲上头。

两人以激烈的言辞对峙了几个回合后，也没有获得和解，肇飞奔而出亚历克斯的餐厅。

最后的最后，亚历克斯向肇抛出了致命的一句话，如果不是这种状况之下，绝对不会从口中说出来。

亚历克斯是这么说的："肇的料理就是米歇尔的复制品。本来日本人就做不出真正的法国菜。"

肇气得不得了，回到酒店后马上把亚历克斯签名的Sa.Qua.Na.菜单扔进垃圾桶，就这么回日本了。

肇被触到了痛点。

"真的一下子火气上了头，好生气，那个时候什么也不明白，现在回想起来的确如他所说。亚历克斯说的是，你没有根源。所谓根源，就是那个人的根本和背梁。比方说米歇尔·布拉斯的内核，就是他从母亲那里继承的料理和拉克约勒的大自然。被母亲的料理所感动的少年时代记忆，以及从欧布拉克自然美景中汲取的灵感，成为他料理的源泉。我成为主厨之后，设计新菜式时注意到，自己没有像他那样的根源存在。为什么呢，因为那是法国菜啊。我的母亲很擅长料理，我一直被母亲做的菜所感动，这恐怕也是我走上料理道路的原因之一。但是，若要在我的料理里展现蟹肉奶油可乐饼和高汤浸青菜的美味，就不是法国菜了。因为自己没有根源，所以做不出新的菜式。因此，我只能拼命看法餐的书和文献。当然，仅仅是给客人提供美味的食物，这样就足够了。不过，如果仅仅做出美味的料理，怎么能够赢过像米歇尔那样拥有自己坚实基础的世界级三星主厨呢?我一直为此苦恼着。于是我回到法国,米歇尔是几乎要溺亡的我所能抓住的最后一根救命稻草,然而亚历克斯却说,为什么你要抓住那种东西呢?我反击道,'并非抓住,而是自己最开始就拥有的东西。'可是用亚历克斯的话说,就是'你要学会自己游泳'。他其实推了我一把,说你要做自己的料理。而我却一直不明白这一点,一肚子火气从法国回来,还觉得亚历克斯什么都不懂。

"换一种严格的说法,想获得米其林三星只是自我表现欲的体现。希望自己做的事情得到好评。自己可以达到这种程度哦。还想给信赖我的员工们看看,我没有做错。不过,当我直面自己的内心,却发现始终有种在说谎的感觉。总有种在做别人的事的感觉。虽说我在研读法国餐饮的文献,但是没有一道料理是根据里面的记载所做。可既然将其作为自己灵感的源头,就无论如何都没法抹去那种感觉。如果不借鉴灵感,我就做不出新的菜式。那是为什么呢?恐怕是因为太害怕客人了。如果不能让客人感到愉悦,就很恐慌。做着属于自己的料理,却被说做错了的话,就无路可逃。所以才会依赖法餐的文献、法国的文化。然而,却被亚历克斯说这不是属于你的东西。的确是这样没错,可如果认同了这一点,自己就真的没有容身之处了。实在太可怕了,于是只能对亚历克斯的话充耳不闻。"

我想,从亚历克斯的店里夺门而出那一刻起,肇就陷入了一种自我割裂的状态之中。

学习法餐的时候,法餐成了他的身份认同。然而作为主厨要自己创造法餐的时候,如此坚固的身份认同却开始大肆摇晃。因为不管多么努力,都无法把自己的祖国变成法国。

"为什么身为日本人的自己,却要做法餐呢?"

老实说,初次见面那天,他就那样对我说过。获得三星的法餐主厨竟会说那样的话,实在有很强的违和感,但我同时又深有同感。

肇憧憬法餐、积累实习经验,成为法餐的厨师,接着又获得了可被称之法餐界顶点的米其林三星。疾走在现代法餐界最前沿的他,事到如今还在说什么呢?这个地球上,能够以法餐夺得米其林三星的日本人,迄今为止只有两个人。

不过可以说,正是因此,肇才会对于自己身为日本人却在做法餐感到疑惑。对他这样的料理人来说,三星不是终极目标,只不过是起跑线。重要的不是过去做了怎样的料理,而是现在开始要做怎样的料理。毫无疑问,他做的料理将会获得全世界法餐厨师的注目。倘若那是真正崭新且有意义的料理。就像布里亚-萨瓦兰[1]在《美味礼赞》一书中所说,"对于人类来说,比起发现新的星球,发现新的美味更让人感到幸福。"如果肇的菜就像文中提到的"新的美味",那么可能会对法餐界未来的潮流产生很大影响。那样的话,他才会首次对自己取得三星真正感到高兴。

让·吕克·纳雷之所以会对他说:"这个年纪就获得三星,你将会成为保罗·博古斯或乔尔·卢布松。"也是这个层面上的意思吧。并非米其林三星让他成为杰出的存

---

[1] Brillat-Savarin,法国的政治家、美食家。

在，而是他的存在决定了今后的米其林三星的价值。难以想象肇承受着多么巨大的压力。如果他是法国人的话，无论做怎样的料理，都会被看作法国菜。简单地说，就算是捏寿司，可能也会变成法国菜。然而他却是日本人。法国菜到底是什么，这个恐怕谁都没法给出答案的问题，他却只能一边思考着一边做料理。料理越是创新，就越容易变成那样。好像遮住双眼在高速公路上行驶的感觉，这么说也不过分吧？

我想，仅仅品尝料理并对其评头论足的我们，无法理解那种巨大压力的真正含义。关于做法餐的意义，他之所以会如此深入思考，某种程度上来说也是很自然的事情。

肇诉说完对于日本人做法餐的疑惑之后，接着又说起关于千利休和茶道的话题。

从那个时候起，他常常会去料亭和怀石料理店。肇无法忘记初次去京都末在餐厅[1]时的事。向来冷静的肇，那时候脸都变了颜色。他被末在主厨石原仁司毫无瑕疵的完

---

[1] 米其林三星茶怀石料理店。

美料理迷住了。他甚至说，如果能回到自己开启料理之路的 26 岁，也许会选择学习怀石料理而非法餐。

我祝福了肇。我想，他也许已找到属于自己的脊梁，就像拉吉约勒的大自然之于米歇尔·布拉斯那样。

然而，一本正经的他却在一个月后收回了那句话。他说，自己就算能回到过去，果然还是不会选择日本料理的道路啊。并非兴奋冷却了，而是他将自己对茶道或者说千利休的想法深挖一番后得出的结论。简单来说，就是肇意识到利休对于他来说，是比法国这种异国文化还要遥远的存在。

试图表现日式的东西时，茶道文化就好像日本人的基石一样，而肇却对此有种有违和感。茶道的确是洗练到极致的日本文化精髓，但是，若将此作为自己的脊梁去创造新菜式，必须再读很多书。只不过是把法餐的书变成茶道的书而已。虽说茶道是日本文化中最值得尊崇的部分，却不是肇本身想表达的东西。不仅仅肇，这大概也是很多年轻日本人的真心话。肇仍旧迷惘着，他还在继续探寻自己的根源，探寻基础，那个基础将是自己今后创作料理时的脊梁。

几经曲折终于得出的答案，就在开头那封邮件里。

"店名会从现在的 Hajime RESTAURANT GASTRONOMIQUE OSAKA JAPON 变成仅仅是 HAJIME"。

看起来好像没什么大不了，对他来说却是重大的决断。

无论 restarant 还是 gastronomique 都是法语。把这两个法语单词从店名去掉，意味着肇宣告和法餐诀别。这是他少年时代起的梦想，为此不惜辞去公司工作，一头扎进法餐的世界。受了许多一言难尽的苦之后，才决定要告别。

"也许自从被亚历克斯说这不是你的东西的时候起，我内心深处就已经明白了。因此，才会对他那么生气。早晚我都要跟法餐诀别的，只不过那个转折点一直没到来而已。我一直在想，如此拼命去奋斗的世界，这么轻易舍弃真的好吗？哎呀，那种事情自己真的做不到啊。我之所以会这么痛苦，也是那个缘故。那一天遇到《十牛图》，我才终于理解了。所谓《十牛图》，就是用找牛比喻通往证悟道路的 10 幅禅宗绘画。这个《十牛图》的有趣之处在于，前半部分的确是描绘了为找牛而出门、寻找、抓捕然后带回来的场景，然而带回来之后，却完全忘了牛的事。因此，虽说是《十牛图》，后半部分完全没出现牛。想说的是什么呢？其实是说所谓开悟，就是要把觉悟本身给忘掉。于是我就豁然开朗了，我只要忘掉法餐这件事就行了啊。不对，不忘记不行。为了开悟，禅宗大师拼命努力修行。然而开悟之后，却必须要舍弃它才行。如果被觉悟所囚禁，就无法继续前行。我也是一样，拼命学习法餐，然后获得了三星，却被那个法餐的概念所困住，无法继续创作。为了能够顺利前行，我必须要抛弃法餐。但是抛弃了法餐，我自己还剩下什么呢？我一直在思考，说到底自己究竟是什么呢？最终还是回到了我就是我的原点。正因为我是我，才能够面对利休，才能够面对米歇尔，与之对弈。探寻自己作为日本人的脊梁而遇到千利休的时候，我没有老老实实地踏入利休建立的茶道之路。我意识到，如果那样做了就会失去自我。怀石料理是从茶道中衍生出来的，是世界上能够给人最高款待的料理之一。然而，那并非我想做的事。那样的话，自己作为日本人的身份认同究竟要怎样表现呢？这么想的时候，突然灵光一现，如果自己和利休生在同一时代的话会怎样呢？同样身为艺术家，想和利休做不同的事情。那样做试试看吧。现在这里有竹笋的话，利休会怎样用？米歇尔会怎样用？我会怎样用？仅此而已。我学会了这样想。想起自己小时候抓蝴蝶和蚱蜢时，被它们的美丽击中内心，把那种感动做成料理就行。有了这种想法，就决定了要把法餐从招牌撤下。就这样，总算能做货真价实属于自己的料理了。"

2012年5月12日，开业4周年整的日子，肇终于进入了一天一次营业的状态。就像邮件里写的那样，他将令人联想到法餐的东西，彻底从入口处不起眼的店名中去除了。

营业时间是周三起到周日为止，每周五天。周三到周六只做晚餐，周日只做午餐。餐厅只提供一种套餐，从头到尾都由肇自己创作出来的料理，这种形式跟之前没有变化，但内容却大相径庭。

到底哪里发生变化了呢？

如果在这里详细说明，那么对将来要去 HAJIME 用餐的客人来说，无疑是告知了电影结局般的不公平。虽然想写的东西很多很多，然而对于阅读到这里的你，我希望你以一颗没有先入为主观念的纯白之心，去面对那些令人惊艳的菜式，因此才点到为止。无论如何都想知道的话，当然也可以去网上查询，但恐怕不论怎么搜索都搜不到。因为，肇采用了一些手法，如果不亲自去到那里，就没办法看到、听到、闻到、触碰到，当然也没法吃到。所以说，它可能是现今地球上被最厚重的面纱所包裹的料理。

我能够写在这里的是：料理内容虽然发生了很大变化，但最重要的东西一样也没有变。那正是料理人米田肇至今为止一直追求的东西，因为憧憬法餐而远渡重洋，思考料理究竟是什么、深深挖掘吃的意义，不知不觉就追溯到了宇宙的初始、甚至大爆炸（他最初的料理意象就来自大爆炸），是他的料理的第二幕。之所以说第二幕，是因为还会有第三幕、第四幕。笔者所看到的是，现阶段肇至少在做第三幕的构想。

最后的最后，坦白告诉大家，其实我还没有吃到那个阶段的料理。

等这份书稿全部写完之后（也就是说几分钟后），我准备去吃。因此，关于第二幕的料理，这里所写的全部是从肇那里听来的。所以，是不是和他说的一样，我作为记录者也无法保证。

为了得到确认，我想去 HAJIME 享受料理的第二幕。

画蛇添足地说一句，只为了更好地抓住第二幕料理的意象，他给我展示了其中使用的一个盘子。仅仅是写下盘子端过来时我的感想，应该会被允许吧。

我看到那个盘子时，差点流泪。

○

"实际上一年前，2011 年春天就准备让餐厅进入一次营业的状态。正是那时候突然发生了大地震。我受到了很大冲击。那之后一年的时间，心里涌起各种各样的思考，非常郁闷。自己做着那么高级的料理，真的好吗？我很认真地烦恼着。后来经一位厨师朋友邀请，参加了让受灾者们吃我们做的菜的项目。在那边做菜真是很好的经历，大家都吃得津津有味。他们一脸高兴的表情，我至今无法忘怀。还有人说，'能吃到这么美味的料理，活着真好啊！'被那些言语和笑脸推了一把，我决定再试一次。吃这件事，如果能给人带来这么大的勇气和精神，我想以我的方式继续追求吃这件事。

"有了那样的经历，我突然想到，一直觉得自己最后的晚餐会是纳豆饭加上幼沙丁鱼干和白萝卜泥。不过，我发现这也太天真了。如果最后能吃一顿晚餐的话，想吃自己的料理。为了能够实现这个想法，为了让自己能怀有这个想法，必须每天自己做菜。你若是下定决心要做世界第一，就必须做出让人想作为最后晚餐般的料理才行。

"所以我一直在思考那种料理。睡觉的时候也一直思考。所以就算睡着了，也很容易醒来。"

○

"烹饪是将自然变为文化的普遍方式。"这句话来自

20世纪最具代表性的法国人类学家克劳德·列维－斯特劳斯。

就好像没有哪个民族不拥有语言，也没有哪个民族不做菜。对于人这个物种来说，做菜就跟说话、制作工具一样，是一种本质上的行为。

烤、蒸、煮、炒、炸、还有熏、发酵……人类使用各种各样的方法和手段，去加工动物的肉、海产品、植物的叶子、果实、茎和根等自然产物。

料理就是文化。倒不如应该说，人类的文化本来就是作为料理的类推而诞生的。

野生动物从睁开眼睛起，大部分活动时间都花在吃的行为上。例如有这样的观测结果，野生黑猩猩一天要花6个多小时咀嚼食物。黑猩猩当作主食的森林果实一般又小又硬，如果不长时间咀嚼就无法消化。不仅果实，动物的肉和植物的叶子、谷物等其他食物也同样，吃生的肉和谷物需要花长时间去消化。然而，经过烹饪后的食物，肉也好谷物也好，就变得十分柔软容易消化。观察人类的小孩，就会发现进食所花费的时间一天总共1个小时左右，只有黑猩猩的1/6。因为吃的是经过料理的食物，多余时间就可以用来从事其他活动。从进食中被解放出来，人类的文化才得以发展。

太古时期的人类，并不是时间多出来之后，才会突发奇想地开始观测星星、画画。多余的时间可能还是花在了吃上面。

只不过，比起单纯的咀嚼，还花在其他更有创造性的行为上。比方说为了把远方的食物搞到手而出行、将不能生吃的草籽煮过后再吃等……

那种行为的延长线上就是人类文化。农耕、畜牧，还有国家这种装置，甚至法餐和日本料理，全部都是从人类不生吃而料理食物这种独特行为中衍生出来。

从这个意义上说，人就是会做菜的猴子。

经历数十万年，人类做一边做菜一边进化，相比几乎要令人晕眩的庞大时间量，法餐还是日本料理之类的区别简直微乎其微。

米田肇决定，不局限于微小的框架，而是将自己投身于接近永恒的时间流逝当中。切开石头做箭头、狩猎野兽、切割肉、然后烤来吃，肇想要让这些人类行为延长线上的料理发生进化，并且继续思考人生而要吃的意义，这才是他的工作。

然后到某个时候，做出世界第一的料理。

那是现在的他的梦想。

那可是等于站在持续几十万年的人类料理史的顶点。

怀抱宏大得不得了的梦想的主厨，今天也在厨房里专心致志地做着料理。

这世界某个角落，有那样一家餐厅。

每当想起的时候，我总会有种小小的幸福感。

被问起那是怎样一间餐厅时，我首先会这样回答。

接下来，你们将作为1825年的美味学者，满足于此前所有的丰盛，等待新的烹饪方法出现。诸多科学为1900年准备的各种各样的发现，你们是品尝不到了吧！比如矿物性的珍馐美味、各种用空气榨出来的液体，而此后还没有出生的旅人们，也不会品味到那些还未被发现和开拓，从剩下的半个地球运过来的未知食物吧！

啊，真是可怜的人们啊！

《美味礼赞》岩波文库 布里亚－萨瓦兰 著

关根秀雄、户部松实 译

（文中关于《美味礼赞》的翻译全部来自此书。）

文库本后记

童话总是以"可喜可贺"的结局收场,而现实中的人生却并非如此。

只要人生活在这个世界上,故事就不会结束而持续下去。

以后记的形式,最后我还会再写一些有关HAJIME的故事。

"2012年5月末的时候,菜单完全更新,7月客人就开始慢慢减少了,只有一半的入座率。也因为价格几乎翻倍,客人一开始不能轻易理解,对此我并不感到惊讶。但我渐渐也没法那么说了。糟糕的时候,很多坏事情全挤在一起发生。"

米田肇淡然地说着那时候的事。

"价格上涨这一点,不让客人有相应的感动不行啊。然而,因为迄今为止我都是火力全开向前奔,再要超越就很难。在那种强压之下，思考新的料理就非常痛苦了。夜里睡觉的时候，每天晚上都会想，如果就这样心脏停止跳动的话就解脱了。怎么也没有新的想法浮现出来，我真的想过去死。"

那个时期，我吃过好几次他的料理。真的做梦也没想到他居然那么痛苦。他摘下法餐招牌之后的料理，更加自由和大胆，而且充满了灵感和巧思。就像幸福地看着婴儿的笑脸，却忘记了母亲生产的痛苦一样，享用他的料理时，我仅仅是品味着自己生于这个宇宙的喜悦。跟初次吃到他烤的羊肉时的感觉相同，这个瞬间，我强烈感觉到自己正在品尝世界第一的料理。

实话说，我觉得对餐厅和料理评星级、评分数都是毫无意义的。对无法严格计算的价值施以星级和分数，这种行为会给人仿佛下了客观评价的错觉。

只不过，在这个混沌的世界里，那也不是完全无用且多余的东西。作为能够理解那些评判乃是他人标准的成年人，自然也能将其作为判断的有效标尺。姑且以那个作为前提来说，如果 Hajime 是三星，那么对于崭新的 HAJIME

必须要给予四星（假如有这样的东西的话）以上才行。

我发自内心这么想。

然而，那个秋天的米其林指南，却只给了HAJIME两星。

价格翻倍的时间节点上，米其林星级减少了一颗。客人进一步加剧减少，也是没有办法的事。

"到第二年3月左右，问题还很严重。有时候晚上一位客人都没有。菜单改变前，平均一天能接到400通预约电话，有时负责接电话的员工刚接起就听见客人发火，'我已经打了6个小时电话了。'那个孩子变得神经衰弱起来。结果又回到了餐厅刚开业的时候。每个月都是大幅度的赤字。也有成本过高的原因。哎，我心想，这个世界还真是分明啊。就是那样一个时期，这本书出版的时候。"

所谓这本书，也就是读者现在手中这本书的精装本，我将其取名为《打造米其林三星餐厅的方法》（三つ星レストランの作り方）[1]。那还真是一个奇妙的时间节点，摆

---

[1] 日本的书籍一般先推出精装本，一定时间后再出小尺寸平装的文库本。本书的精装本在2012年由小学馆出版，2017年由幻冬社出版的文库本改名为《天才主厨的绝对温度》。

放在书店架子上的时候，HAJIME 已经不是三星了。

米其林指南每年都会修正餐厅的星级，所以评级下降的可能性并非为零，这一点也能够理解。但是不管怎么说，在那个微妙的时期，出版了那样一本标题的书，责任全部都在于我。虽然听起来像是借口，餐厅变成 HAJIME 之后再吃他做的料理，恐怕也没有人会预见到降星的可能性。

也就是说，不管怎样这都是他人的衡量标准。无论米其林指南给出怎样的评价，那只是他们的问题而已。

重要的是，那之后 HAJIME 有何变化。

"第二年米其林的结果出来后，好几位料理人马上联系了我。都是能够代表日本的前辈们。有人给我写信，也有人直接打电话给我。并非安慰，而是告诉我，你正在做的事情没有错，千万不能动摇。别被周围的声音蛊惑，请坚持自己的道路。我真的很高兴。员工们也总有一天会理解他们自己想做的事情，为了更多客人到来的时刻，现在必须要好好做准备。然后，那就成真了。"

撤掉法餐的招牌后，过了一年多的时间，HAJIME 负责预约的员工再度忙碌起来。他的新菜式终于开始被理解了吧。虽说电话越来越多，更多的是通过网上预约的海外客人。

"好像是上了国外杂志的厨师排行榜。像英国《餐厅》（*Restaurant*）杂志评选的亚洲 50 佳、法国《主厨》（*Le Chef*）杂志的全球 100 名顶级厨师之类。因此外国客人多了起来。最多的是来自香港、新加坡，然后是纽约、英国、澳大利亚，现在的预约几乎有八九成都来自海外。这才让营业额达到开店以来的最高峰，超过了午餐营业的时代。"

就这样，HAJIME 再次变成很难预约的餐厅。去其他任何地方不可能吃到，只有在这里才能够享用到如此出类拔萃的美味料理，HAJIME 的名气渐渐扩散到全世界。

虽然想说接下来就可以安心了吧，当一切都走上正轨，他的性格却是注定要推倒重来。

"小时候，你有没有在沙地里玩过堆小山包？到了一定高度之后，即使再往上面堆，沙子只会掉下来，山也不会变得更高。那个时候，只有将高高的沙山顶上推平，把山脚做大。那样才能推得更高。我想人生也是一样的道理。为了获得更大的成长，必须要铲掉山顶才行。我和人说，明年刚好是开业10周年，HAJIME也要准备下一个新的开始了。如果要扩展美食学的可能性，没必要拘泥于餐厅。制作极其美味的宇宙食物啊，研究可以把味道输入电脑的方法啊之类，当然，肯定不是一开始就能成功的……"

童话故事总是以"可喜可贺"的结局收场，而现实中的人生却并非如此。

他（史无前例）的人生，仍旧继续着。

深入美食学道路的他，从今往后会达到怎样的高度呢？

我会一直默默关注着他，而这将成为我的终生事业。

最初是黑笹慈几先生建议我书写他的人生故事，这本书的精装本能够付梓，多亏了小学馆的桂浩司先生协助，然后由幻冬舍的茅原秀行先生再次出版了文库本，我对他们表示深切的谢意。

对于我一直不得要领且漫长的访谈，米田肇先生非常耐心，对于他以及他不可替代的宝物阳子和千君，同样致以发自内心的感谢。

2017 年 2 月　石川拓治

> **图书在版编目（CIP）数据**
>
> 天才主厨的绝对温度：HAJIME法餐厅米田肇的故事/(日) 石川拓治著；叶酱译.
> -- 上海：上海文艺出版社,2019.9(2022.7重印)
>
> （上海文艺·日系Life）
>
> ISBN 978-7-5321-7348-8
>
> Ⅰ.①天… Ⅱ.①石… ②叶… Ⅲ.①米田肇－生平事迹 Ⅳ.①K833.136.16
>
> 中国版本图书馆CIP数据核字(2019)第180437号

TENSAI CHEF NO ZETTAI ONNDO

Copyright © Takuji Ishikawa 2017

Chinese translation rights in simplified characters arranged with GENTOSHA INC.

through Japan UNI Agency, Inc., Tokyo

著作权登记图字号：09-2018-036

发 行 人：毕　胜
责任编辑：肖海鸥　黄秋野
特约编辑：田肖霞
书籍设计：山川 @ Gabryl Duke Workshop
封面与辑封插画：米田肇

书　　名：天才主厨的绝对温度：HAJIME法餐厅米田肇的故事
作　　者：(日) 石川拓治
译　　者：叶　酱
出　　版：上海世纪出版集团　上海文艺出版社
地　　址：上海市闵行区号景路159弄A座2楼 201101
发　　行：上海文艺出版社发行中心
　　　　　上海市闵行区号景路159弄A座2楼206室　201101　www.ewen.co
印　　刷：启东市人民印刷有限公司
开　　本：787×1092　1/32
印　　张：11
字　　数：153,000
印　　次：2019年9月第1版　2022年7月第3次印刷
Ｉ Ｓ Ｂ Ｎ：978-7-5321-7348-8/K·0401
定　　价：45.00元
告 读 者：如发现本书有质量问题请与印刷厂质量科联系　T:0513-83349365